La comunicación en el matrimonio

Descubre los secretos para aprovechar el poder de la comunicación efectiva en tu matrimonio y convertirte en un mejor cónyuge

CATALINA ZAPATA

Copyright 2019 © Catalina Zapata

Todos los derechos reservados.

Nota legal

El siguiente documento se reproduce a continuación con el objetivo de proporcionar información lo más precisa y confiable posible.

Esta declaración se considera justa y válida tanto por el Colegio de Abogados de los Estados Unidos como por el Comité de la Asociación de Editores y es legalmente vinculante en todo Estados Unidos.

Además, la transmisión, duplicación o reproducción de cualquier parte del siguiente trabajo, incluida la información específica, se considerará un acto ilegal, independientemente de si se realiza de forma electrónica o impresa. Esto se extiende a la creación de una copia secundaria o terciaria del trabajo o una copia grabada y solo se permite con un consentimiento expreso por escrito del editor. Todos los derechos reservados.

La información en las siguientes páginas se considera en general como una descripción veraz y precisa de los hechos y, como tal, cualquier falta de atención, uso o mal uso de los datos en cuestión por parte del lector, hará que las acciones resultantes sean únicamente de su competencia. No hay escenarios en los que el editor o el autor original de este trabajo puedan ser considerados responsables de cualquier dificultad o daño que pueda ocurrirle al lector tras analizar la información aquí descrita.

Además, la información en las siguientes páginas está destinada únicamente a fines informativos y, por lo tanto, debe considerarse como universal. Como corresponde a su naturaleza, la información presentada no garantiza su validez ni su calidad provisional. Las menciones a marcas comerciales se realizan sin consentimiento por escrito y de ninguna manera puede considerarse que hay un respaldo del titular de la marca comercial.

Contenido

Introducción

El matrimonio conlleva mucho trabajo duro y, para algunos, no siempre es algo sencillo o natural. Compartir toda la vida con otra persona requiere mucha dedicación y compromiso. La falta o la ineficacia de la comunicación juega un factor clave en los divorcios. Muchas parejas discuten y pelean, lo que puede ser extremadamente cansado y frustrante. Quizá tú o tu cónyuge, continúen llorando después de que una discusión aparentemente ya terminó. O incluso algo de lo que se dijeron hace días vuelve a aparecer porque tu pareja (o tú) sencillamente no pudo dejarlo ir. O tal vez, simplemente no saben cómo hablar entre ustedes sin ser emocionales. El matrimonio ya es bastante difícil, aprender a comunicarse efectivamente no debería serlo.

La gran mayoría de las soluciones que se dan a los problemas matrimoniales, se reducen a estrategias de comunicación eficaces. Tan simple como suena, para muchos de nosotros no es fácil llegar a una comunicación efectiva. Realmente no importa con qué tipo de problemas de comunicación batallemos, podemos aprender a trabajar sobre ellos y convertirnos en mejores comunicadores. La comunicación es una habilidad que se puede aprender y perfeccionar como cualquier otra. Armados con el conocimiento correcto, podemos aprender a comunicarnos de manera efectiva con nuestro cónyuge o pareja.

Ya sea que sientas que no estás siendo escuchado, que parece que nunca entiendes cómo se siente tu pareja, o que cada vez que intentas hablar sobre algo importante todo termina en gritos y llanto, hay esperanza. En este libro te mostraré métodos simples, pero prácticos y probados, para mejorar la comunicación no solo con tu cónyuge, sino en todas las relaciones de tu vida. Podrás resolver rápidamente, e incluso evitar, futuras discusiones y serás capaz de proporcionar compasión y apoyo a tus seres queridos, sabiendo que el problema se ha resuelto de manera efectiva.

Pero primero, ¿quién soy yo para darte consejos sobre tu matrimonio?

Hola, me llamo Shirley Cole y soy terapeuta familiar profesional. A lo largo de los años, he trabajado y asesorado a cientos de parejas (y personas solteras) sobre cómo salir del dolor en su relación. Sé que esto puede parecer una profesión extraña, pero realmente disfruto trabajar con personas y me encanta lo que hago. Me apasiona muchísimo ayudar a la gente y a las parejas a crear relaciones saludables y significativas. Desde 2004, he estado brindando asesoramiento sobre relaciones, así como terapia de pareja, a personas que han tenido dificultades en su vida amorosa, provocadas por dolorosos patrones en su relación. Muchos de mis clientes lucharon, durante años, por crear relaciones respetuosas, amorosas y positivas para su vida, después comenzaron a trabajar conmigo.

Una vez que aprendas cómo comunicarte efectivamente con tu cónyuge, puedes cambiar drásticamente tu relación, mejorar. Ser capaz de tener una conversación con tu pareja sin que termine gritando o llorando, te hará sentir que estás en una relación completamente nueva. Recuerdas ese sentimiento, ¿no? Cuando todo lo que vivías con tu pareja te hacía reír y sonreír, y sentías esas mariposas en el estómago siempre que lo veías. No importa si has estado casado durante un mes o unas cuantas décadas, aprender a comunicarte con tu cónyuge los ayuda a ambos a sentirse escuchados y a tener la capacidad de resolver cualquier problema con el que se esté luchando. Necesitamos comunicarnos, en cada área de la vida, con nuestra pareja: en nuestro trabajo, con nuestros hijos y con los amigos. La comunicación con las personas es parte de nuestro día a día, entonces, ¿por qué no perfeccionar esa habilidad?

Hay muchas razones por las cuales las parejas se separan y se divorcian. Los problemas de comunicación y la incapacidad para resolver conflictos son las dos causas principales de divorcio.[1] Todos tenemos diferentes formas de comunicar y no debería sorprendernos que hombres y mujeres se comuniquen de manera diferente. Los hombres, a menudo, encuentran que las críticas y las quejas son las que terminan su relación, mientras que las mujeres terminan porque sienten que sus opiniones no son valoradas. Cuando alguien cree que no se le está escuchando o se le molesta constantemente, comenzará a desarrollar paredes emocionales que pueden ser muy difíciles de derribar. Estas paredes emocionales solo causarán más problemas y más barreras de comunicación en la relación.

Los humanos somos criaturas de hábitos. Lo que sucedió en relaciones anteriores, y cuando éramos niños, nos ayuda a crear hábitos en nuestras vidas. Algunos de ellos pueden ser buenos, como siempre decir *"te amo"* antes de ir

---

[1] https://www.huffpost.com/entry/divorce-causes-_n_4304466

a la cama, mientras que otros pueden ser muy malos, como recurrir a insultos o agresiones físicas al enojarse. Todos expresamos nuestros sentimientos de diferentes maneras. Algunas personas evitan el problema, otras usan el humor para tratar de ocultar que están sufriendo, mientras que unas más se dejan llevar por la ira y la agresión. Aprender a comunicarte con tu cónyuge es un paso muy importante para ayudar a derribar las paredes emocionales.[2]

Normalmente, mis clientes de *coaching* me elogian por cambiar sus vidas y ayudarlos a desarrollar relaciones más profundas y significativas con sus parejas. En este escrito te revelaré los pasos necesarios para una comunicación efectiva en tu relación. Este libro te mostrará cómo cualquiera puede mejorar su relación, al aprender a comunicarse con menos culpa y mayor comprensión.

En caso de que tengas problemas para comunicarte con tu cónyuge, o simplemente

---

[2] https://www.youtube.com/watch?v=oAeA3b_3CXQ

desees mejorar las habilidades de comunicación en tus relaciones, ¡este libro está aquí para guiarte! Y te ayudará no solo a expresarte con tu pareja cuando se sienta enojada o abrumada, sino que también te ayudará a comunicar eficazmente tus problemas cotidianos. Aprenderás cómo usar adecuadamente el lenguaje positivo y cómo entender el lenguaje corporal de hombres y mujeres. Teniendo en cuenta que el lenguaje corporal representa el 55% de lo que en realidad estamos diciendo, aprender a descifrarlo puede ser de gran ayuda. Convertirte en un mejor comunicador te convertirá en un mejor oyente. Aprender a comunicar te ayudará a cultivar la confianza y a desarrollar una relación sana y duradera con tu cónyuge.[3]

Si discutes con tu pareja de manera regular, estás rompiendo el tejido de la relación y erosionando las bases de tu matrimonio. La comunicación en el matrimonio puede romperse rápidamente e influir en todas las demás áreas de tu relación.

---

[3] https://christianmarriageadventure.com/trust-in-your-marriage/

Desde tu vida íntima hasta la crianza de los hijos, e incluso las finanzas, una vez que un área comienza a descomponerse, también lo hacen las demás. Al igual que con una casa, se necesitan bases sólidas para que todo lo demás funcione. No deberías tener que pasar otro día llorando de frustración y enojo o gritando, simplemente porque algo no se comunicó de forma clara. Tanto tú como tu cónyuge merecen la mejor relación posible y eso comienza con el aprendizaje de cómo comunicarse eficazmente entre ustedes, y así asegurarse de que ambos sean escuchados alto y claro. No te conviertas en una estadística más. No termines divorciándote solo porque no puedes expresar cómo te sientes sin convertir todo en una fiesta de llanto o en una batalla campal.

¿Deseas aprender estrategias simples, pero altamente efectivas, para comunicarte con tu pareja, mientras construyen una relación sólida y de confianza? En todos lados, las parejas se están divorciando innecesariamente debido a la falta de una comunicación efectiva. Están luchando y destruyendo sus cimientos matrimoniales. Todo porque no saben cómo expresarse sin discutir. Como terapeuta familiar profesional, lo he visto todo.

Si tienes problemas para comunicarte en tu relación y deseas aprender a superarlos sin tener que recurrir al divorcio o a nunca volver a hablarle, ¡entonces necesitas este libro! No postergues el aprendizaje de mejores estrategias de comunicación *"hasta mañana"*, ¡comienza hoy! Se necesita tiempo para trabajar en la comunicación y en aprender a expresar sus sentimientos, mientras se valoran entre ustedes.

En este libro te mostraré cómo puedes implementar estas estrategias de comunicación en tu relación... ¡hoy mismo! Aquí hay una pequeña muestra de las estrategias que he incluido en este escrito:

- Cómo entender el lenguaje corporal y cómo usarlo para mejorar tu vida amorosa.

- El secreto sobre cómo usar la comunicación positiva (¡y qué es realmente la comunicación positiva!).

- Las tres herramientas más importantes en tu caja de herramientas de comunicación.

- Cómo transmitir tu punto de vista y comunicarte a través de conflictos y situaciones cargadas de emoción.

- Las claves para reconstruir la confianza cuando se ha perdido.

- Cómo reparar tu matrimonio cuando ha ocurrido una infidelidad.

- Qué destruye un matrimonio y cómo recuperarlo, aunque esté al borde.

- Cómo mantener vivo el amor y cómo utilizarlo cuando tu cónyuge te esté volviendo loco.

- ¡Y mucho más!

Deja de seguir luchando con tu matrimonio y toma las riendas para transformarlo en uno mucho mejor. Incluso si crees que tu matrimonio no tiene remedio, puedes tomar medidas para reconstruirlo.

Si quieres perfeccionar las habilidades de comunicación que salven tu matrimonio y restauren la paz y la armonía en tu vida amorosa, ¡sigue leyendo!

Capítulo uno: Estilos de comunicación y qué decimos con el cuerpo

Todos nos comunicamos en función de muchos factores, incluidos nuestro género, la forma en que nos criamos, nuestros tipos de personalidad; todo se une para crear grandes diferencias en cuanto a cómo nos comunicamos con otras personas. En este capítulo me referiré a la diferencia de sexos, cómo se comunican hombres y mujeres. El secreto sobre el uso de la comunicación positiva para aumentar la efectividad en la comunicación con tu cónyuge.[4] Cómo puedes entender el lenguaje corporal para ayudarte a comprender mejor a tu pareja y, finalmente, la verdadera razón para amarse y respetarse mutuamente.

---

[4] https://www.youtube.com/watch?v=1b49ZmiLf0U

Diferencias en la comunicación de hombres y mujeres

Puede que no te hayas dado cuenta, pero los hombres y las mujeres hablamos idiomas diferentes. Comprender los fundamentos de la comunicación de los hombres y de las mujeres, no solo te beneficiará en tu vida amorosa, sino que también te ayudará en cualquier otra relación que tengas.[5] En el trabajo, en la escuela, en nuestra dinámica familiar, todos nos comunicamos con el sexo opuesto. Cuando los hombres y las mujeres no se comunican en el idioma del otro, se puede provocar una tormenta perfecta de emociones y una comunicación ineficaz.[6] Esto puede causar confusión, drama, desilusión, expectativas no realizadas, sentimientos heridos, ira y muchos otros problemas que nos podemos evitar. Aprender a comunicarse de manera efectiva con el sexo

---

[5] https://www.loopline-systems.com/en/blog-en/the-differences-between-male-and-female-communi cation-style-in-workplace

[6] https://www.enkirelations.com/differences-between-male-and-female-communication.html

opuesto hará mucho más llevaderas tus otras relaciones, gracias a la habilidad de comunicarte sin esfuerzo, lo que dará como resultado relaciones satisfactorias y libres de drama.

Cuando comprendemos que somos diferentes y que nuestras necesidades básicas son otras, podemos trabajar para transformar radicalmente nuestro matrimonio. Una mujer quiere evitar problemas en el matrimonio al hablar de ellos regularmente, mientras que un hombre podría no pensar que hay problemas hasta que le hablen seguido de ellos.

Ahora bien, no todos los hombres ni todas las mujeres se comunican de la misma manera. Algunos hombres pueden tener estilos de comunicación similares a las mujeres y algunas mujeres pueden tener estilos de comunicación similares a los de los hombres. Las mujeres se comunican de cierta manera y los hombres de una manera diferente; sin embargo, estas formas no son mutuamente excluyentes.[7] Primero echemos un vistazo al núcleo de los estilos de comunicación femenina.

Cómo se comunican las mujeres

Las mujeres se comunican desde el lugar de la emoción. La comunicación la utilizan para liberar sentimientos negativos y crear un vínculo más fuerte con su pareja. Para expresar sus pensamientos, conceptos, sentimientos, emociones e ideas, usará ejemplos externos de algún asunto relacionado con el que se le

---

[7] https://www.youtube.com/watch?v=7QWRfWngJhQ

presenta. Aunque es posible que no se dé cuenta, puede resolver sus problemas y dificultades simplemente hablando en voz alta sobre ellos con su pareja. El objetivo es ayudar a organizar los pensamientos y sentimientos que trae consigo. La situación debe explorarse desde todos los puntos de vista, porque necesitan que se determine si hay otras opciones que la ayuden a resolver su problema y a obtener cierta perspectiva. Ella solo quiere sentir que la están escuchando de una manera solidaria y sin prejuicios. No busca necesariamente al hombre para que le brinde una solución. Las mujeres también quieren aumentar la intimidad en una relación a través de la comunicación con su pareja. Cuando una mujer siente que la están escuchando, se alivian en gran parte sus ansiedades y se reducen sus sentimientos negativos.

Las mujeres pocas veces dudan en pedir consejo o buscar la ayuda de un hombre. Ellas quieren mejorar su situación, aunque no desean sentirse como una carga innecesaria para el otro. Que las mujeres confíen en los hombres para ayudarles a resolver sus problemas está en su ADN evolutivo.

Cuando surge un conflicto, las mujeres usan la comunicación para procesar sus pensamientos y emociones e impedir que prevalezcan los sentimientos negativos. Las mujeres buscan que se les hagan preguntas compasivas y que alguien las escuche, mientras trabajan explorando sus pensamientos y sentimientos. Esto puede requerir que hablen sobre sus problemas con una amiga o alguna contraparte femenina, ya que saben que podrán satisfacer sus necesidades emocionales cuando se comuniquen con otra mujer.

Para comunicarse efectivamente con sus homólogos masculinos, ellas deben decirles exactamente lo que necesitan que hagan. En una relación romántica, hablar en términos claros sobre lo que quieren que haga su hombre, las ayudará a sentirse amadas y valoradas. Las mujeres deben evitar hablar con indirectas o ejemplos de otros sucesos parecidos, mientras esperan que los hombres descubran cuál es su punto y a dónde van con eso. Las mujeres necesitan decirles, paso por paso, lo que esperan de ellos. A continuación se muestra un ejemplo sobre cómo una mujer puede comunicarle a un hombre que tiene un problema y que le gustaría hablar con él al respecto para que la haga sentir valorada y amada.

Una mujer envía un correo electrónico o mensaje de texto a su compañero, sobre una entrevista de trabajo que tuvo, donde menciona que no salió bien. En lugar de esperar que él le pregunte sobre eso cuando se reúnan, ella debería decir específicamente que quiere hablar de la situación y sacar esa frustración de su pecho.

"Cariño, recuerdas la entrevista de trabajo que tuve hoy. NO salió como estaba planeado. Me siento muy emocional por la situación y me gustaría hablar de eso tan pronto como nos veamos. Solo necesito desahogarme, no quiero que intentes solucionar nada. ¡Por favor,

pregúntame de inmediato en cuanto llegues a casa!"

Este mensaje le describe a la pareja masculina cómo es que ella se siente y qué quiere que haga al respecto: solo quiere que le pregunte sobre la situación y luego escuche cómo se siente.

Una comunicación ineficaz con el hombre se vería así:

"Tuve un día horrendo, la entrevista de trabajo fue terrible, ¡no puedo esperar a verte!"

Todo lo que le está diciendo es que su día no estuvo bien. Él no sabrá preguntarle sobre la entrevista de trabajo, ni que solo necesita escucharla para que se sienta valorada y amada. Solo porque la mujer mencionó algo de pasada sobre la entrevista, no debe esperar que él le pregunte al respecto en cuanto la vea. Esta es una expectativa irracional. Aunque las mujeres podrían pensar lo contrario, los hombres no pueden leer sus mentes ni viceversa. Entonces, cuando una mujer tiene una expectativa que no se cumple, a menudo se enoja y siente que su pareja no se preocupa por ella. Las mujeres nunca deben suponer que un hombre sabe lo que quieren, ellas necesitan explicarlo para que quede perfectamente entendido.

Cómo se comunican los hombres

Los hombres usan la razón y la lógica para comunicarse y comprender tanto situaciones como relaciones. Siempre están tratando de resolver los problemas y hacerle la vida lo mejor posible a su pareja. La comunicación para ellos es directa y eficiente, menos charla y más acción. Solo comparten detalles esenciales en una conversación. Mientras que, la mayoría de las veces, las mujeres simplemente preferirían ser escuchadas. Una de las mejores cosas que un hombre puede hacer para comunicarse efectivamente con su mujer es preguntarle qué quiere, sin más. ¿Deberían los hombres dar su opinión y tratar de arreglar la situación, o su pareja solo necesita que escuche? Los hombres quieren sentir que triunfaron en hacer que su mujer se sienta feliz. Cuando un hombre cree que no ha logrado que su mujer sea feliz, se detiene y se retira, física o emocionalmente.

Es una estadística muy conocida que los hombres tienen sexo en su mente la mayor parte del tiempo. Cuando una mujer está molesta por algo, el hombre puede parecer insensible a sus necesidades si está haciendo avances sexuales. Esta es otra forma común de falta de comunicación. Aun cuando la mujer no esté rechazando los avances sexuales del hombre, sino que ella solo esté molesta y quiera sacar algo de su pecho, el hombre sentirá que no lo están aceptando y, por lo tanto, se sentirá sexualmente rechazado. Esto solo causará gran frustración y una comunicación fallida. El hombre se verá fracasar, ya que no puede hacer feliz a su mujer, lo cual sentirá como un gran fallo.

Cuando una mujer comienza la conversación, el hombre sentirá que está buscando consejo de él.

Esto activará sus detectores de resolución de problemas y luego escuchará e intentará identificar esos problemas e inmediatamente ofrecer una solución. Los hombres sentirán la necesidad de interrumpir a una mujer cuando está hablando para ofrecer consejos, lo que probablemente la haga enojar. Los hombres también pueden sentir que, si una mujer viene a ellos para desahogarse por algo, ellos son el problema. Esto puede generar sentimientos de insuficiencia y hacer que se pongan a la defensiva. Ser capaz de escuchar pacientemente no es una habilidad inherente a los hombres.

Cuando un hombre experimenta un conflicto, simplemente querrá olvidarse de sus problemas para reducir su estrés. Intentará enfocarse en otras cosas como ver televisión, jugar videojuegos o arreglar un automóvil. Algo que no requiera que piense en el problema y que mantenga su mente centrada en otra cosa. En casos extremos, incluso podría recurrir a formas de automedicación, como beber, para olvidarse de aquello que le causa molestia. Que una mujer intente consolarlo puede llevar a una retirada mayor. La mejor forma de manejar la comunicación con un hombre cuando surge un conflicto es dejarlo resolver las cosas por su cuenta. Cuando esté listo, vendrá y te hablará sobre sus problemas. Sentarse allí y hurgar en la herida, llevará a que se agrave la situación y, por tanto, a que se aleje más.

Volvamos al ejemplo del mensaje, el que se redactó someramente y comunicó de manera deficiente. Ahora podemos ver cómo podría responder él sin que se le dijera a pie juntillas qué hacer.

"Tuve un día horrendo, la entrevista de trabajo fue terrible, ¡no puedo esperar a verte!"

Es posible que no se dé cuenta de que ella quiere hablar sobre su terrible día y cómo fue la entrevista de trabajo. Verá *"¡no puedo esperar a verte!"* y pensará en las cosas que quiere decirle o se emocionará porque podrían tener actividad sexual más tarde. Por lo tanto, cuando al fin se ven, él no le pregunta sobre su día o acerca de la entrevista de trabajo, en cambio, hace avances sexuales hacia ella. Ella se enoja, él se enoja y se produce una discusión. Él no puede leer su mente y saber que ella solo necesita hablar y que él solo necesita escucharla. Incluso si tu cónyuge no es bueno para comunicarse en general, puedes trabajar las cosas para entender mejor lo que está tratando de decir.

Hay una manera más efectiva en que el hombre pudo haberse comunicado en respuesta al mensaje y que habría satisfecho ambas necesidades. Pudo haberle preguntado si cuando se vieran le gustaría hablar sobre su día y sobre esa terrible entrevista de trabajo, y así dejarla comunicar sus sentimientos. Podría haber dicho algo como:

"Hola cariño, parece que tuviste un mal día y tu entrevista de trabajo no fue bien, cuéntame. Estoy aquí para escuchar".

Incluso si un hombre le pregunta si quiere hablar, las cosas pueden ponerse difíciles. Tal vez ella quiere hablar sobre sus problemas, pero está teniendo dificultades para comunicarse y expresar sus sentimientos al respecto. En este caso, si le preguntara *"¿quieres hablar de eso?"* le estaría haciendo una pregunta cerrada. Por lo tanto, ella puede responder con un *"no"*, a pesar de que quiera hablar de ello. Cuando utilizas preguntas abiertas en tu idioma, obligas a la persona con la que estás hablando a pensar en su respuesta.

Así que, ¿cuáles son las diferencias típicas entre los estilos de comunicación de hombres y mujeres?[8]

- Es más probable que las mujeres hablen con otras mujeres sobre sus problemas o cuando necesiten decidir algo.
- Las mujeres buscan relaciones con otras mujeres, basadas en sus intereses, y

---

[8] https://www.youtube.com/watch?v=Dugka_UssTM

encuentran formas comunes de conectarse entre ellas.

- Las mujeres se centran en crear buenas relaciones y establecen vínculos entre ellas al compartir sus experiencias y hacer preguntas.

- Cuando las mujeres tienen un desacuerdo, se afectan todos los aspectos de su relación.

- A los hombres les gusta guardar sus problemas para sí mismos y no entienden por qué deberían compartirlos con los demás.

- Los hombres se relacionan entre sí en función de una dinámica de poder, con el estatus y el dominio como factores importantes.

- Los hombres comparten experiencias competitivamente y les gusta dar información en lugar de hacer preguntas.

- Cuando los hombres tienen un desacuerdo, pasan a otro tema y siguen interactuando normalmente.

Todo el tiempo batallamos internamente con nuestra perspectiva civilizada de comunicación y nuestra biología evolutiva. Por lo tanto, no debemos culpar o criticar al otro género por la forma en que se comunica, sino tratar de comprender y de adaptar nuestros propios estilos de comunicación. Podemos hacerlo aprendiendo e implementando una comunicación positiva.

Toda comunicación requiere un emisor y un receptor, este es el modelo básico de la comunicación general. El mensaje se origina con el emisor y se envía al receptor. Antes de que el emisor pueda enviar el mensaje, debe codificarse en algún idioma o código. Antes de que el receptor pueda recibir dicho mensaje, debe decodificarse. Donde se complica es cuando el emisor asume que el receptor ya conoce el código. Y para complicarlo aún más, entre la codificación y la decodificación, el mensaje también debe pasar por el ruido. Este puede ser ruido físico, como el llanto de un niño, o ruido mental, como pensar en qué preparar para la cena cuando tu pareja te está hablando. El ruido también puede significar historia, experiencias o género. Lo que sucede entonces es que el mensaje original que el emisor está tratando de enviar, se confunde y el receptor no lo recibe de manera clara y concisa. Hay cosas que se pueden hacer para asegurarse de que el mensaje enviado y recibido sea el mismo.

Aquí hay cinco cosas que puedes hacer para fomentar la comunicación positiva:[9]

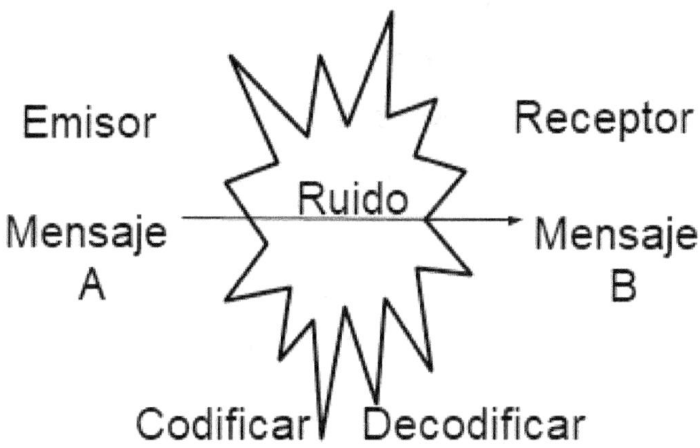

---

[9] https://www.youtube.com/watch?v=PF1ACxdiDow

1. **Escucha**. Escucha más de lo que hablas. Escucha para comprender y reflejar lo que estás oyendo. Por ejemplo, *"parece que estás diciendo que..."*

2. **Procura entender, no solo estar de acuerdo**. ¡Comprender el mensaje y estar de acuerdo con él no es lo mismo! A menudo las personas sienten que, si le muestran al emisor que entienden, ellos creerán que están de acuerdo en el asunto. Este no es siempre el caso.

3. **Mantente enfocado en el otro**. Más que concentrarte en lo que sientes, trate de hacerlo en cómo se siente la otra persona.

4. **Mantén contacto**. El contacto visual es solo una forma, las expresiones faciales, los gestos, el lenguaje corporal, también son formas de contacto.

5. **¡Sonríe, sé positivo, di que sí!** Decir sí no significa estar de acuerdo con lo que dice la persona. Sin embargo, está comunicando que estás escuchando activamente su mensaje. Esto crea energía

positiva en la comunicación, lo que ayuda a transmitir el mensaje correcto.

Mientras trabajas en la implementación de estas cinco tácticas, puedes fomentar la comunicación positiva y, al mismo tiempo, aprender a comunicarte de manera efectiva.

Piénsalo un minuto, con todas las cosas que pueden salir mal en la comunicación (ver el diagrama anterior) es sorprendente que cualquiera pueda comunicarse de manera efectiva. Muchas veces en una relación, el emisor y el receptor obtienen mensajes diferentes. El esposo le dice algo a la esposa y la esposa responde *"así que piensas..."* y NO es el mismo mensaje que el esposo quería enviar. Puede haber sido un conflicto en la codificación o la decodificación, o el ruido en el medio, pero cualquiera que fuese el problema, el mensaje no se recibió como quería el emisor originalmente.

Hay algunas cosas que se pueden hacer en la comunicación para que lo que se envía sea exactamente lo mismo que se recibe.

En primer lugar, silencia el ruido de tu mente, debes estar presente y escuchar para entender a tu pareja. No intentes pensar en tu respuesta o en el aporte que quieres dar mientras la otra persona está hablando. La mayoría de las veces, las parejas no están en desacuerdo tanto como creen. Simplemente no están escuchando a la otra persona y no acaban de entender su conflicto.

Segundo, expresa para ser comprendido. El objetivo es el mismo en ambas situaciones: la comprensión. No debes expresar para persuadir, convencer, manipular o atraer a la otra persona a tu mismo punto de vista. Esto significa que debes prestar atención a su lenguaje, no solo a lo que dice, sino a cómo lo dice, a su lenguaje corporal y a sus expresiones faciales.[10] Haz tu mejor

---

[10] https://www.psychologytoday.com/us/blog/beyond-words/201109/is-nonverbal-communication-numbers-game

esfuerzo para codificar el mensaje, pues así será recibido y decodificado con precisión.

Al igual que con cualquier otra habilidad, la práctica te hará mejor. Practica las palabras que dices, cómo las dices y tu lenguaje corporal.

El lenguaje corporal puede ser una herramienta poderosa, desafortunadamente, las personas suelen estereotipar lo que significa el lenguaje corporal y cómo puede ayudarlas a comunicarse efectivamente. Este lenguaje es solo uno de los tres aspectos de nuestra comunicación. Están las palabras que decimos, el tono en que las decimos y nuestros gestos y movimientos.

En una conversación, el conflicto puede surgir más comúnmente por el tono de nuestra voz que por las palabras que realmente estamos diciendo.[11] Tu tono de voz, lenguaje corporal y gestos, tienen más peso en una conversación que lo que dices. Si estás presentando un mensaje con poca claridad, la persona con la que estás

---

[11] https://thesystemsthinker.com/communicating-through-conflict/

hablando no hará realmente caso a tus palabras y creerá lo que dicen tu cuerpo y el tono de tu voz.

Aprender a comunicarte de manera efectiva, también puede ayudarte a alcanzar otras metas en tu vida. No solo debes ser consciente de cómo leer el lenguaje corporal en los demás, sino también de cómo comunicar eficazmente tu mensaje con señales no verbales.[12] Una forma de practicar la lectura del lenguaje corporal de las personas es decirles cumplidos. Muchas veces la gente reaccionará como si se estuviera alejando físicamente del cumplido. Nuestros cerebros no distinguen entre rechazar algo malo y algo bueno. Entonces, por defecto, podemos alejar inadvertidamente muchas cosas buenas.

El lenguaje corporal es una habilidad que también se puede perfeccionar. Todos tenemos ciertas reacciones automáticas a las cosas, pero podemos aprender a controlar y utilizar de cierta manera nuestro lenguaje corporal. Cambiar tus movimientos involuntarios y tu forma de estar,

---

[12] https://www.youtube.com/watch?v=nT6pqlUutlU

también puede crear un cambio psicológico. Si mejoramos nuestro lenguaje corporal, podemos mejorar nuestra programación psicológica. Esto puede hacer que te gustes más a ti mismo y a otras personas que se te parezcan.

Volviendo al tema de dar y recibir cumplidos, aquí hay un ejercicio simple para comenzar: cuando alguien te haga un cumplido, actúa como si lo estuvieras recogiendo, colócalo en tu corazón y da las gracias en un tono positivo y sincero.

Hay un aspecto del lenguaje corporal que realizan tanto hombres como mujeres, pero significa dos cosas completamente diferentes. Cuando una mujer asiente con la cabeza durante una conversación, es para demostrar que está escuchando. Esto le indica al hombre (según su decodificación masculina) que ella está de acuerdo con él. Así que él asume que ambos están de acuerdo y que ella acepta su idea. La mujer no sabe que él ha llegado a esa conclusión y no entenderá por qué el hombre pensó que estaba de acuerdo con su declaración o propuesta, ya que nunca le preguntó de forma directa ni dijo específicamente que estaba de acuerdo con él.

Cuando un hombre asiente con la cabeza, está demostrando que está de acuerdo con la declaración o propuesta. Cuando una mujer le está hablando a un hombre y él no asiente con la cabeza, ella asumirá alguna de las dos opciones, que él no está de acuerdo con ella o que no la está escuchando.

A menudo creamos barreras físicas cuando estamos conversando con nuestros seres queridos. Esto incluye cerrar las manos al frente, cruzar los brazos, a esto se le llama crear una puerta, lo que significa que te sientes menos o que te sientes débil. También puede ser un mecanismo de autoprotección. Colocar las manos a los costados de una manera relajada te destapa, te abre a los demás. Al principio se sentirá muy incómodo, pero con el tiempo es una habilidad más del lenguaje corporal que puedes perfeccionar. Ahora, sin duda, todavía puedes "hablar" con las manos como lo hacen muchas personas, pero luego, cuando termines de usarlas, colócalas nuevamente a los lados. Cuando te paras en una postura que retrata confianza, ayudas a alimentar tu subconsciente con sentimientos de una confianza real y creas una energía completamente nueva.

Antes de que puedas concentrarte en aprender qué significa el lenguaje corporal de otras personas, primero debes aprender cómo enfocarte en tu propio lenguaje corporal. Desafortunadamente, en la sociedad actual, la gente suele estar demasiado ocupada mirando sus teléfonos y no puede usar el lenguaje corporal para comunicarse de manera efectiva. Necesitamos que nos enseñen cómo comunicar con el lenguaje corporal como con cualquier otro idioma, porque no lo estamos viendo y no le prestamos la suficiente atención ni el suficiente tiempo.

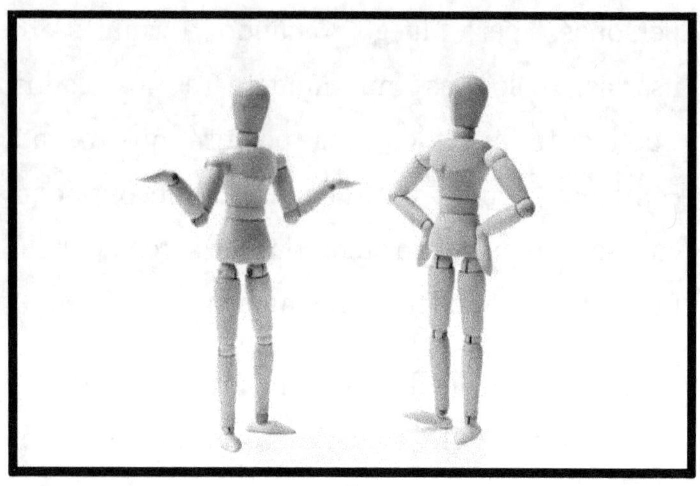

Cuando veas a alguien haciendo algo con su lenguaje corporal, pruébalo. Esto significa que cuando veas que alguien comunica un lenguaje corporal que te parece confuso, como frotar su brazo en medio de una conversación, lo hagas tú mismo más tarde, mientras te comunicas con otra persona. No es el caso que busques reflejar lo que la persona está haciendo, ni confrontarla para saber por qué usó ese lenguaje corporal particular, ni mucho menos juzgarla. Luego, después de que pruebes ese lenguaje corporal, pregúntate:

- ¿Cómo lo sentí?
- ¿Para qué usaría ese mismo movimiento?

Esto comenzará un proceso de pensamiento totalmente nuevo, que podría ayudarte a arrojar algo de luz sobre lo que ese movimiento significa para esa persona. Esta es una excelente manera de dejar que tu cuerpo te enseñe lo que pueden significar los diferentes tipos de lenguaje corporal. Si bien, cada movimiento y toque diferente tiene algún tipo de significado, no es necesario que conozcas específicamente todas las idiosincrasias, para comprender lo que otra persona está tratando de decir con su cuerpo.

Cuando las personas sienten que están siendo comprendidas, aumenta la conexión y se construye el entendimiento mutuo. Por ejemplo, cuando te encuentras conversando con alguien y te aleja uno de sus pies, a menudo significa que está listo para terminar de hablar contigo. Si comprendes esto, puedes reconocer que esa persona ha terminado con la conversación y concluirla rápidamente. Esto le ayuda a sentirse comprendido, que es uno de los usos más poderosos del lenguaje corporal. Cuando uno entiende lo que la gente dice con su lenguaje corporal, se convierte en un mejor oyente y un mejor comunicador.

Hay mucha información que puedes obtener de una persona al entender su lenguaje corporal, específicamente el de sus ojos. Cuando hablas con alguien y le haces una pregunta, generalmente puedes decir qué tipo de respuesta te dará solo por la dirección a la que se dirigen sus ojos. Hay cuatro direcciones diferentes que alguien mirará antes de responder algo y esto puede darte algunas pistas importantes sobre qué tipo de respuesta te van a dar. El movimiento de los ojos también puede ayudar a reactivar un recuerdo.

Si alguien mira a su izquierda antes de responderte, está mirando el lado izquierdo de su cerebro. El lado izquierdo del cerebro es el lado analítico que le proporciona una respuesta relacionada con datos, números, hechos y cosas pasadas. Cuando alguien mira hacia arriba y hacia su derecha, está mirando hacia el lado derecho de su cerebro. Esta será una respuesta que dará un panorama general, algo imaginativo, de creatividad o cosas futuras.

Cuando la persona mira directamente a cualquier lado, está recordando lo que alguien le ha dicho o algo que ha leído. Cuando mira directamente hacia abajo antes de responder, será una respuesta emotiva. Cuanto más miren hacia abajo, más emocional será. Saber qué tipo de respuesta te darán, te ayuda a comunicarte mejor con ellos y a establecer una buena relación. Por ejemplo, si alguien mira hacia abajo antes de darte su respuesta, no intentes levantarlo demasiado rápido ni dirigirlo hacia una respuesta que no sea emocional.[13] Sé paciente y deja que procese su respuesta, no intentes desviar la conversación haciendo otra pregunta o contando una broma. No es necesario que intentes rescatar

---

[13] https://www.psychologytoday.com/us/blog/fulfillment-any-age/201412/4-ways-improve-your-emotional-communication

a la persona, deja que sienta lo que tenga que sentir y que te dé su respuesta.

Una vez que domines el lenguaje corporal, podrás detectar fácilmente cuándo las cosas no se alinean. Cuando veas que el lenguaje corporal no coincide con las palabras que los otros dicen, es hora de hacer más preguntas. No estás tratando de interrogar a la persona, solo intentas descubrir lo que realmente quiere decir. Al igual que con la comunicación verbal, estás tratando de entender. Si permites que alguien sienta lo que está sintiendo, puedes aprender de ello, mostrarles respeto a sus sentimientos y establecer una conexión más cercana. Una de las claves para comprender el lenguaje corporal es no juzgar lo que se está viendo.[14]

Entonces, las tres claves para leer el lenguaje corporal son:

- No juzgues.

---

[14] https://www.youtube.com/watch?v=9aWFOK46eqA

- Intenta utilizar el lenguaje corporal de los otros.
- Cuando las palabras y el lenguaje corporal no coincidan, pregunta más.

Las diferencias entre el amor y el respeto y la razón para cada uno

Amor y respeto, dos emociones de las que nunca tendremos suficiente.[15]

Si bien todos tenemos una idea general de lo que es el amor, puede ser difícil de definir, ya que hay muchas formas de hacerlo. No es un concepto concreto sino uno más bien subjetivo. El amor, el verdadero amor (como el de una relación), puede caracterizarse por una tríada de características: intimidad, pasión y compromiso.

La intimidad a menudo se confunde con el amor romántico y, aunque pueden existir en la misma relación, estos no se excluyen entre sí. La

---

[15] https://www.focusonthefamily.com/marriage/6-tools-for-healthy-communication-in-marriage/

intimidad puede tener lugar en la amistad, entre los miembros de la familia y, por supuesto, en las relaciones románticas.[16] Se enfoca en una conexión profunda compartida con otra persona. Esto puede suceder rápidamente cuando se encuentran personas que comparten muchos de sus rasgos e intereses, y "se llevan bien". Puede suceder tanto con las amistades como con las parejas. Si bien una relación romántica no necesita estar presente para que tenga lugar la intimidad, no es probable que se desarrolle una relación romántica saludable si esta falta.

La pasión es únicamente para las parejas románticas, es decir, donde hay una atracción sexual hacia alguien. Es difícil que una relación romántica prospere o se mantenga durante largos períodos de tiempo sin pasión. Aunque es cierto que puedes tener pasión sin intimidad, una relación romántica saludable contiene ambas. La pasión puede tener lugar en el amor o simplemente en la lujuria del uno con el otro. Si

---

[16] https://www.familylife.com/podcast/familylife-today/the-real-reason-to-love-and-respect/

bien la pasión puede desvanecerse con el tiempo en una relación de carrera larga, una pareja sana la mantendrá hasta cierto punto.

En una relación romántica saludable, cada persona está comprometida entre sí y está dispuesta a trabajar para construir y mantener su futuro juntos. Si una pareja no puede comprometerse, es probable que la relación no dure mucho. Compromiso no necesariamente significa matrimonio, al menos en este caso. Hay muchas parejas solteras que se han comprometido el uno con el otro y están prosperando. Y aunque se puede tener una relación comprometida que carece de pasión e intimidad, una relación fuerte, saludable y duradera, tendrá los tres componentes a partes iguales, fuertes y duraderos.

A menudo vemos al "respeto" en relación con nuestra cultura. Contiene tanto la forma en que nos comunicamos verbalmente con otro, como el lenguaje corporal que usamos; por ejemplo, estrechar la mano de alguien y mirarlo a los ojos cuando lo saludas. Se debe ser respetuoso con los que nos rodean, ya sean extraños o amantes comprometidos. Respetar es tratar a alguien de manera positiva, sobre todo en relación con uno mismo. Se puede respetar tanto a un total desconocido, como a un ser querido. Generalmente respetamos a las personas de autoridad y a aquellos que se lo han ganado de una forma u otra. Si bien todos tienen sus propios puntos de vista sobre quién debe ser respetado y por qué, es exclusivamente tu decisión. Quizá desconfíes de tu gobierno local, por lo tanto, no lo respetas. Y mientras que algunas personas pueden pensar que sus padres siempre deben ser respetados, otros pueden sentir que depende de sus acciones pasadas y presentes.

La mayor diferencia entre el respeto y el amor es que el respeto debe mostrarse a todos, mientras que el amor solo se muestra a unos pocos elegidos. Todos deberían, al menos inicialmente, merecer tu respeto. Para empezar, puede ser difícil ganarse el respeto de los demás si no le muestras respeto a nadie. Evita faltarle al respeto a las personas, a menos que tengas una razón válida para hacerlo. Incluso entonces, mostrar respeto cuando alguien más está siendo irrespetuoso, te convierte en la persona más madura en esa situación.

Las relaciones requieren amor, respeto y trabajo. Deben poder amarse y respetarse mutuamente como personas, como amantes, y a sus opiniones y elecciones individuales (dentro de lo razonable, por supuesto). Hay ciertos aspectos de su relación que ambos deben respetar, como los límites, los logros, los deseos de los otros, a los amigos y a los familiares.

Respetar los límites de cada uno puede incluir cualquier cosa, desde darse espacio en el baño o durante una discusión. A pesar de que se aman y tal vez quieran pasar todo el tiempo juntos, aún necesitan mantener límites tanto física como emocionalmente. Esto también te da la oportunidad de tener un poco de tiempo para ti mismo y seguir siendo una persona individual y completa.

Estoy segura de que esto ha sucedido en algún momento de tu vida. Has hecho algo de lo que estás muy orgulloso y la persona a la que no puedes esperar para contarle todo, simplemente no comparte tu entusiasmo. Algo así puede ser muy desalentador e incluso puede hacer que no quieras compartir tus logros en el futuro. Si están trabajando para alcanzar una meta juntos, intenten animarse mutuamente y respeten la meta y el proceso.

Puede ser muy difícil, en especial si no les gustan los amigos y la familia del otro. La clave aquí es que no necesariamente tienen que gustarles, solo deben mostrarles respeto. Cuando entramos en una relación con alguien, también estamos entrando en [algún tipo] de relación con sus amigos y familiares. No empeores los desacuerdos al faltarles al respeto.

Respetar los deseos de los demás va de la mano con los límites de los que ya hablamos. Si bien los límites pueden estar implícitos, respetar los deseos de tu pareja se basa en algo que te han pedido que hagas o no hagas. Por ejemplo, si un compañero fuma y el otro no, quizá hayas expresado que no te gusta que el compañero fume en la casa, por lo que salen a la calle. Esto es respetar tus deseos.

Aunque estas ideas no son mutuamente excluyentes para hombres o mujeres, el género suele jugar un papel en el amor y el respeto dentro de un matrimonio. Todavía hay un proceso de pensamiento muy arcaico cuando se trata de amor y respeto dentro de un matrimonio, basado en el rol de género.[17] Se supone que el hombre debe mostrar amor a la mujer y llenarla de afecto. Mientras que la mujer debe mostrarle respeto al hombre y atender sus necesidades. Si bien esto funcionó de forma aceptable para

---

[17] https://www.regain.us/advice/love/what-is-the-difference-between-love-and-respect/

muchas personas durante mucho tiempo, en una relación perfecta, el amor y el respeto son mutuos en lugar de ser burlados por las normas de dichos roles.

Los hombres también quieren sentirse amados y las mujeres también quieren sentirse respetadas. Ni el amor ni el respeto son más o menos importantes en una relación, el respeto es como el pegamento que une la intimidad, la pasión y el compromiso. Aunque nos gustaría pensar que el amor es todo lo que se necesita en una relación sólida, sencillamente no es el caso. Es un crisol de amor íntimo, amor apasionado, amor comprometido y respeto, lo que ayudará a una relación a resistir incluso los momentos más difíciles.

Resumen del capítulo

Desde los albores del tiempo, hombres y mujeres se han comunicado de manera diferente. Podemos usar las mismas palabras, tener el mismo tono y usar el mismo lenguaje corporal, pero el mensaje que estamos tratando de entregar y el mensaje que se recibe, generalmente son dos cosas muy diferentes. Comprender los muchos fundamentos en los que se sustenta la comunicación de hombres y de mujeres, no solo te beneficiará en tu vida amorosa, sino en cualquier otra relación de tu vida.

En general, las mujeres se comunican desde el lugar de la emoción y lo hacen para liberar sentimientos negativos y crear un vínculo más fuerte con su pareja. Las mujeres pueden resolver la mayoría de sus problemas simplemente hablando de ellos y no buscan el consejo de un hombre cuando expresan sus pensamientos y sentimientos sobre una situación. Las mujeres también usan la comunicación como un medio para aumentar la intimidad con su pareja. Cuando sienten que están siendo escuchadas, reducen sus ansiedades y sentimientos negativos.

Por otro lado, los hombres se comunican usando la razón y la lógica. No les importan las charlas y chismorreos y quieren resolver los problemas y arreglar la situación de su pareja si piensan que algo está mal. Los hombres prosperan al sentirse exitosos en hacer que las mujeres se sientan felices. Cuando no tienen éxito, reaccionan alejándose de ellas o de la situación.

Para que una mujer se comunique efectivamente con un hombre, debe decirle exactamente lo que necesita, quiere y espera. Comunícate con él de una forma lógica y paso a paso, sin usar ejemplos externos a la relación. Si una mujer quiere desahogarse con su hombre acerca de algo, debe declararlo específicamente, no esperar que él le lea la mente.

Cuando una mujer tiene la iniciativa y comienza la conversación, esto activará los detectores de resolución de problemas del hombre e inmediatamente comenzará a buscar un problema que pueda resolver. Para que un hombre escuche efectivamente a una mujer, necesita escuchar lo que ella dice y luego repetirlo con sus propias palabras y preguntar si eso es lo que estaba tratando de comunicarle. Esto le indica a la mujer que él está escuchando y la hace sentir valorada.

Cuando los hombres experimentan algún tipo de conflicto, simplemente quieren olvidarlo y seguir adelante. Para hacer esto, se centrarán en otras cosas para distraerse del problema, como mirar televisión. La mejor manera para que una mujer maneje el conflicto con un hombre es dejar que lo resuelva solo. Si lo deja solo, eventualmente volverá. Preguntarle constantemente qué está pasando solo agravará la situación.

A continuación se presentan algunos puntos clave sobre cómo hombres y mujeres pueden comunicarse efectivamente entre sí.

- Las mujeres se comunican con emociones para expresar sentimientos y resolver problemas.
- Los hombres se comunican con mensajes directos mientras usan la razón y la lógica.

- A las mujeres se les debe permitir desahogarse sin que los hombres intenten solucionar sus problemas para hacerlas felices.
- Los hombres deben escuchar a las mujeres y repetir lo que escucharon con sus propias palabras.
- Las mujeres deben comunicar específicamente lo que quieren a los hombres.
- Los hombres deben hacer preguntas abiertas a las mujeres.

Debemos tratar de comprender los estilos de comunicación de los demás y adaptar nuestros propios estilos de comunicación. La implementación de una comunicación positiva puede ayudar drásticamente a reducir las diferencias de género y garantizar que el mensaje que se envía y el mensaje que se recibe sean el mismo.

Hay cinco cosas principales que puedes hacer para fomentar la comunicación positiva:

1. Escucha.
2. Procura entender, no solo estar de acuerdo.
3. Mantente enfocado en el otro.
4. Mantén contacto.
5. ¡Sonríe, sé positivo, di que sí!

La comunicación efectiva es una habilidad que se puede aprender como cualquier otra. Aquí hay algunos consejos rápidos cuando se trata de enviar y recibir mensajes de manera efectiva, para asegurarse de que el significado pase de un lado a otro sin problemas:

- Silencia el ruido.
- Busca comprender.
- Busca ser comprendido.

Debes permanecer consciente no solo de las palabras que dices, también de tu tono de voz y tu lenguaje corporal. La comunicación efectiva en todas estas áreas se traslada a otros aspectos de tu vida, incluidos el trabajo y la crianza de los hijos. Asentir en una conversación significa dos cosas completamente diferentes para hombres y mujeres. Para los hombres significa acuerdo, para las mujeres es dar a entender que escuchan. Las manos cerradas al frente, de cualquier manera, son una señal de estar cerrado a los demás o de que se es auto protector. Aprende a prestar atención al lenguaje corporal propio y al de otras personas.

La dirección en la que miran los ojos de alguien cuando se le hacen preguntas, puede dar pistas específicas sobre qué tipo de respuesta recibirás.

- Arriba y a la izquierda = una respuesta analítica o relacionada con el pasado.
- Arriba y a la derecha = una respuesta creativa relacionada con el futuro.
- Directo a cualquier lado = recordar algo que escucharon o leyeron.
- Directamente hacia abajo = una respuesta emocional.

La clave aquí es comprender, no juzgar a las personas por su lenguaje corporal.

El verdadero amor es un concepto subjetivo caracterizado por la intimidad, la pasión y el compromiso. La intimidad es la conexión profunda que compartes con la otra persona y no es algo exclusivo de estar en pareja. La pasión es únicamente para una relación romántica y está relacionada con la atracción sexual. El compromiso se refiere a la voluntad de resolver las cosas y construir un futuro juntos. El amor solo se debe dar a la pareja, mientras que el respeto se debe dar a todas las personas con las que te encuentres.

En una relación comprometida y amorosa, se deben respetar los límites y deseos de cada uno, sus logros y a sus amigos y familiares. Lo necesitas todo para prosperar en una relación saludable: amor íntimo, amor comprometido, amor apasionado y respeto.

En el próximo capítulo aprenderás a construir tu caja de herramientas de comunicación.

Capítulo dos: Construyendo la caja de herramientas de la comunicación

Ser un mejor comunicador inicia por ser un mejor oyente. Oír lo que alguien dice no es lo mismo que escuchar lo que dice. Cuando escuchas, entiendes las palabras que dicen, entiendes su lenguaje corporal y su tono de voz, y luego decodificas ese mensaje. En este capítulo cubriremos cómo escuchar de manera efectiva, las herramientas más importantes para comunicarte mejor, cómo comunicarte incluso en un conflicto y cómo puedes hacerlo cuando están en juego emociones difíciles.

En el capítulo uno aprendimos cómo el mensaje A puede convertirse en un mensaje B si la codificación y decodificación no se alinean o si hay demasiado ruido, lo cual puede crear problemas. Tu objetivo al escuchar, no debe ser ofrecer consejos o resolver los problemas de alguien, sino comprender. Comprende cómo se sienten y qué están tratando de decirte. Si tú eres el remitente del mensaje, también debes expresar para ser entendido. No estás diciendo que estás de acuerdo cuando entiendes a alguien, simplemente estás tratando de comprender su punto de vista y de expresar para que también te comprendan.

Hay algunas maneras de utilizar indicadores para dar a entender al interlocutor que lo estás escuchando y entendiendo. Usar la técnica de escucha reflexiva es una forma de ayudar a la persona con la que te estás comunicando, para que sepa que estás tratando de comprenderla y realmente la escuchas.[18] Esto se puede hacer simplemente repitiendo lo que escuchaste, pero en tus propias palabras: *"Ok, entonces lo que estás diciendo es..."* Así podrías saber de inmediato si vas por el camino correcto. Si ves que las luces se encienden y está de acuerdo contigo, entonces sabes que estás escuchando y comprendiendo de maravilla. Sin embargo, si tu interlocutor muestra alguna forma de vacilación es que no lo has entendido, que todavía no has dado en el clavo.

---

[18] https://hbr.org/2017/12/how-to-control-your-emotions-during-a-difficult-conversation

La escucha reflexiva es una habilidad que puedes aprender y que te ayudará a convertirte en un oyente muy efectivo. Lo que garantizará que el mensaje A que se envía, siga siendo el mensaje A cuando se recibe. Así, la persona con la que te estás comunicando, sabrá que la estás entendiendo.

Hay tres herramientas muy importantes y sencillas que puedes usar para comunicarte mejor en tu matrimonio (y en casi cualquier otra relación de tu vida). Hay muchas herramientas que puedes incluir en tu caja de herramientas de comunicación.[19] No sientas que tienes que implementar todas a la vez. Intenta concentrarte en una o dos y trabaja esas habilidades en tu vida diaria.

¿Alguna vez alguien te preguntó algo (tal vez un niño) y fue en el peor momento posible? Esto también puede trasladarse a las comunicaciones con tu cónyuge. Si eliges cuidadosamente el momento de la conversación con tu pareja, es

---

[19] http://www.imom.com/3-communication-tools-your-marriage-needs/

probable que tengas un mayor éxito. Es difícil tratar de tener una conversación seria cuando los niños corren gritando, o cuando uno de ustedes acaba de llegar a casa del trabajo después de un día fatal. Si deseas que tu cónyuge realmente te preste atención y escuche lo que estás diciendo, el momento es un factor clave. Esto puede ser tanto para entablar una conversación sobre asuntos serios, como para entrar a una en la que solo se busca que la pareja comparta una emoción.

Si te preguntas si debes hablar con tu cónyuge sobre algo en ese momento, piensa en la palabra CESA.[20] Esto significa cansado, enojado, solitario y hambriento. Si observas que tú o tu pareja están experimentando alguna de estas cosas, espera para tener esa conversación en un mejor momento. Desafortunadamente, sabemos que no es posible esperar el momento ideal para tener todas las conversaciones. A veces tienes que hablar ya, sin esperas de por medio. Si esto

---

[20] https://www.familylife.com/articles/topics/marriage/staying-married/communication/5-communication-tools-that-saved-my-marriage/

sucede, hagan lo mejor que puedan, como pareja, para minimizar las distracciones y mantener su conversación.

Puede ser fácil arremeter contra alguien cuando ambos están enojados, y esto puede hacer que dure aún más la discusión. Responder al cónyuge en vez de reaccionar a lo que se está escuchando, le da a la persona que responde el poder de terminar la discusión. Las parejas casadas (o cualquier pareja) suelen tener discusiones que comienzan por falta de comunicación. Cuando se inicia una pelea por falta de comunicación, tienes el poder de detenerla en seco. Puedes pensar que la persona que ha iniciado todo es la que tiene más poder para detenerlo, esto no es cierto. La persona que tiene el mayor control para detener la discusión es la que responde a ella. En lugar de reaccionar exageradamente a una pelea, responde para detenerla. Aborda este tipo de situación en un tono neutral y no te pongas a la defensiva ni culpes a nadie.

Hablamos antes sobre el ruido que las personas pueden experimentar al codificar y decodificar un mensaje. Esto puede ser ruido externo, como el televisor encendido, o ruido interno, como pensar en algo de lo que queremos hablar y por ello no escuchar a la pareja. ¿Alguna vez has conducido en una tormenta realmente mala? ¿Cuán concentrado estabas en el camino y asegurándote de poder ver las líneas blancas? Apuesto a que no tenías la música a todo volumen ni estabas utilizando tu teléfono. Piensa en esto la próxima vez que tú y tu cónyuge estén hablando, no tiene que ser una conversación seria, puede tratarse de cosas cotidianas. En realidad, ese puede ser el mejor momento para practicar esta herramienta, de modo que cuando tengas una discusión más seria, tengas algo de experiencia para desconectar el ruido y concentrarte. Cuando hables con tu cónyuge, usa el contacto visual directo. Inténtalo, apaga cualquier ruido externo posible. En lugar de esperar a que tu cónyuge lo mencione, inicia una conversación sobre las preocupaciones que sabes que la otra persona tiene.

No podemos leer las mentes de los demás. La forma en que vemos un problema a través de nuestra lente de pensamiento y raciocinio, no es la misma que la forma en que nuestro compañero ve el mismo problema a través de su lente. Esto puede causar muchas discusiones o problemas, ya que tendemos a ignorar las perspectivas únicas de cada uno. Haz tu mejor esfuerzo para aclarar, desde el inicio de la conversación, EXACTAMENTE qué quieres decir. Por ejemplo, si tu cónyuge te pide que compres algo de la tienda en tu camino a casa, pregúntale específicamente qué quiere. Esto ayudará a eliminar cualquier error al intentar leer la mente de la pareja.

Ya he hablado acerca de comprender a tu cónyuge cuando lo escuches. Aquí es donde intervienen las preguntas. No dispares preguntas como si estuvieras llevando a cabo un interrogatorio. Hazlas en un tono neutral y afectuoso para que tu contraparte sepa que intentas comprender todo lo que está compartiendo contigo. En lugar de preocuparte por cómo vas a responder a lo que dice u ofrecer tu opinión, simplemente escucha. Luego, hazle otra pregunta para mostrarle que estuviste y estás escuchando con atención y que buscas entender lo que se dijo. Piénsalo así: *"Te estoy escuchando decir [esto], ¿cómo te hace sentir que lo haga?"* O algo por el estilo.

Muchas personas no entienden los beneficios del uso de la tecnología en la comunicación, ya que a menudo se ve como una barrera. Si lo permites, la tecnología puede ser una gran distracción, por ejemplo, mirar tu teléfono mientras tu pareja está tratando de mantener una conversación contigo o continuar mirando la televisión para ver la puntuación del juego. La persona que está tratando de hablar contigo sentirá que no la escuchas. Cuando tu cónyuge esté hablando contigo, aléjate de la tecnología y presta toda tu atención. Si salen juntos, dejen sus teléfonos en el automóvil. Retira tu televisor de la habitación y conviértela en una zona libre de tecnología. La tecnología también se puede usar para bien en una relación. Cuando estén lejos el uno del otro, envíense mensajes cortos y divertidos.

Un hábito es algo que haces constantemente, a menudo sin pensarlo. Se tarda unos 28 días en convertir algo en un hábito. Puedes crear un rastreador de hábitos simple usando un calendario y marcando con una X cada día que estés haciendo algo para crear ese hábito. Algunas cosas en las que puedes trabajar para crear hábitos con tu cónyuge incluyen decir *"te amo"*, conectarte con él mientras estás lejos y rezar juntos.

Cuando la relación está iniciando, notas que amas y te encantan todas las cosas que hace tu pareja, puede ser cómo se ata los zapatos o la forma al comer el cereal. Esto suele ocurrir cuando la relación es nueva y emocionante. Ya no es tan fácil ver lo maravilloso que es alguien cuando estás hasta el cuello con los niños, las facturas y otros hechos estresantes. Trata de buscar estas cosas intencionalmente. Inicien y mantengan un pequeño diario durante un mes, donde día a día cada uno escriba cosas por las que esté agradecido por su cónyuge. Luego, a fin de mes, compártelo con el otro. Este ejercicio no solo les muestra que todavía se encuentran increíbles de muchas maneras, sino que todavía están presentes. Cuando estén en conflicto, siempre intenten reafirmar la fuerza de su relación[21] con algo como: *"Estoy muy molesto contigo en este momento, eso no significa que no te amo y te adoro, solo necesito tomarme un minuto para tranquilizarme"*.

Si bien es fácil acurrucarte en pareja cuando se sienten cariñosos, no lo es tanto cuando hay una discusión ocurriendo o en puerta. El tacto positivo incluye cualquier cosa, desde tomarse de las manos hasta entrelazar las piernas con tu pareja, lo que sea que tú y tu cónyuge acostumbren para que no los incomode. Si sabes que vas a tener una conversación que podría

---

[21] https://www.focusonthefamily.com/marriage/devotional-communication-and-conflict/

ocasionar tensión en el ambiente, entabla un contacto positivo con tu interlocutor. Esto tiene dos propósitos. Cuando nos tocamos con amor hay menos posibilidades de que surja una discusión. Si lo haces y hay una separación física, es una señal clara del lenguaje corporal de que la discusión ha dado un giro importante.

Puede ser muy fácil oír lo que alguien dice, pero no realmente escucharlo. Cuando tú reflejas a tu cónyuge, puedes ayudar a eliminar fácilmente los malentendidos. Esta es una herramienta muy simple que puedes usar con tu pareja y cualquier otra persona con la que te estés comunicando en tu vida. Cuando estés en una conversación, repite lo que escuchaste decir a esa persona con tus propias palabras: *"Lo que te escucho decir es que..."* También puedes intentar reflejar su lenguaje corporal. Si se recuesta en la silla cuando le estás hablando, también puedes recostarte en una silla. El punto de reflejar en una conversación no es defender tu punto de vista ni derribar a la otra persona, el punto es tratar de comprender completamente lo que te está diciendo y el significado entre líneas.

Por último, puedes usar la herramienta DTAO como una forma efectiva de ayudar a controlar una conversación que podría estar saliéndose de tus manos. El nombre de dicha herramienta es el acrónimo de Detenerse, Tiempo fuera, Aduéñate de lo que te corresponde y Ofrenda de paz, tómalo también como una regla a seguir. ¡Lo primero que debes hacer es detenerte! Si la conversación se desarrolla de una manera incómoda, detenla. Luego ambos deberían tomar un tiempo fuera, que podría ser de treinta minutos a una hora de espacio físico de separación, incluso más si es necesario, esta es la ocasión para tranquilizarte y recuperar la compostura. El siguiente paso es adueñarte de lo que te corresponde; este no es el momento de defender tu posición o atacar a tu pareja, es tiempo de pensar y discutir tu papel en la falta de comunicación, de darte cuenta de tu parte de culpa en el asunto. Por último, deben volver el uno al otro con una ofrenda de paz. Esta debería ser algo positivo, como una promesa de cambiar un comportamiento o darle a tu pareja algún tipo de afirmación positiva.

Aprender a comunicarse entre sí en el matrimonio a veces es difícil, especialmente con las parejas de recién casados, que pueden tener dificultades para entender lo que dice el otro. También puede haber problemas para comunicarse de manera efectiva a través de un conflicto o de la emoción, pero hay cosas que puedes hacer para evitarlo.[22]

Si alguna vez has tenido una acalorada discusión con alguien, sabes lo difícil que puede ser tratar de transmitir tu mensaje de manera efectiva: o lo que estás tratando de decir no sale de la manera que quieres o la persona con la que estás hablando no lo está escuchando correctamente. Cuando estamos heridos o sentimos que nadie nos escucha, podemos recurrir a las críticas.

---

[22] https://www.psychologytoday.com/intl/blog/counseling-keys/201704/communicating-through-conflict

Cuando criticas a alguien, normalmente atacas su carácter, personalidad o sentido de sí mismo. La crítica suele tomar algo que sucedió durante una situación específica y lo convierte en un defecto de personalidad, al usar palabras como "nunca" y "siempre". Cosas como *"¡siempre estás tan ocupado con [algo] que nunca te importa lo que estoy haciendo!"* La crítica continua puede convertirse en desprecio mutuo, lo que puede conducir a patrones de bromas crueles, desdén sarcástico, una maldad general y falta de respeto mutuo. Esto solo servirá para erosionar la relación aún más.

Criticar a nuestros compañeros no tiene nada que ver con ellos, tiene que ver con cómo te sientes. Esta táctica dañina surge cuando sientes que no has sido escuchado o entendido. Criticar a tu pareja es una forma de hacerte oír, una forma de sentir que llamarás la atención del otro. Lo que la mayoría de la gente no ve, es que a menudo tiene el efecto contrario. Si haces esto, estás saboteando tu comunicación. Cuando percibimos que estamos siendo atacados, nuestro mecanismo defensivo se activa y nos preparamos para contraatacar, lo que apaga nuestros receptores de escucha efectivos. La crítica crea un ciclo de conflicto y culpa, lo que inhibe la comunicación positiva y productiva.

Cuando nos involucramos en un conflicto o percibimos que está a punto de surgir uno, nuestros instintos primarios se activan y la respuesta de huida, lucha o parálisis se hace cargo.[23] Cuando sientes que está surgiendo un conflicto, ¿tienes automáticamente la necesidad de defenderte? ¿Te rindes y te vas? ¿O te cierras, te retiras y te vuelves emocionalmente insensible? Ninguno de estos escenarios es necesariamente malo o bueno, es solo el cómo nuestros cerebros fueron condicionados para reaccionar. Cuando nuestros cerebros han sido secuestrados emocionalmente por nuestros instintos evolutivos, no pueden procesar utilizando nuestro lóbulo frontal, cuyo objetivo

---

[23] https://www.psychologytoday.com/intl/blog/the-connected-life/201706/five-keys-good-communication-during-conflict

principal es resolver problemas y tomar decisiones.

En lugar de abordar las cosas desde una u otra perspectiva, pueden trabajar para abordar los problemas desde ambas perspectivas. En vez de usar una perspectiva de "cualquiera/o", mejor utilicen la de "ambas/y". Utilizar esta segunda perspectiva te permite ver las dos caras de la moneda, por así decirlo. Utiliza la empatía en tus declaraciones y hazle saber a la otra persona que entiendes cómo se siente, incluso si no estás de acuerdo con ella. Puedes estar en desacuerdo con alguien sin que se sienta personal o como un ataque. Ser capaz de abordar las cosas desde una perspectiva "ambos/y", ayudará a generar confianza, garantizar la seguridad y aumentar la conexión, lo que conducirá a una mejor comunicación general y a una toma de decisiones más precisa.

Existen varias estrategias que puedes utilizar para fomentar una comunicación efectiva durante el conflicto (o si crees que el conflicto está por iniciar).

Cuando nos enojamos, reaccionamos emocionalmente. Hay dos problemas con esto, la reacción y la emoción. Si bien esto es comprensible, trata de abordar el asunto de una manera tranquila y serena. Si estás molesto por algo y necesitas acercarte a tu pareja, intenta respirar profundamente y piensa en algunas de sus buenas cualidades (no es que tengas que recordarle constantemente que lave el lavavajillas). Esto ayudará a ponerte en un estado mental más positivo, en lugar de uno lleno de culpa e ira.

Podría ser que esto ya lo has escuchado antes, pues es una técnica clásica de asesoramiento que te ayudará a expresar claramente cómo te sientes, sin que tu pareja crea que lo estás culpando. Comienza tu conversación con un *"Me siento"*, en lugar de *"Tú..."* Esto da a entender que te estás centrando en cómo te sientes acerca de la situación, en lugar de en los defectos de tu pareja o relación. En vez de decir *"siempre olvidas sacar la basura"*, prueba con *"me duele sentir que no me escuchas cuando olvidas sacar la basura"*. Esto puede cambiar dramáticamente la forma en que tu pareja reacciona ante ti.

Mientras que puede ser sencillo traer al presente algo que ocurrió el año pasado y tratar reiterativamente de mostrar tu punto, eso no va a llevarte a una comunicación más efectiva. Cuando estás en medio de una discusión, habla sobre el incidente específico en vez de enfocarte en experiencias pasadas. Palabras como "siempre" o "nunca", nos llevan a categorizar a la pareja con defectos muy generales. Mantén la conversación en el hecho específico del que trata y no intentes ni bases tus reclamos o puntos de vista en incidentes pasados. Si te enfocas en el problema específico, puedes minimizar la intensidad de la discusión.

Cuando entramos en una discusión, tendemos a enfocarnos en lo que estuvo mal. Haz tu mayor esfuerzo para que tu pareja sepa lo que necesitas, en vez de enfocarte en lo que no. Entre más específico, mejor. Déjalo saber exactamente lo que necesita sin ser demandante ni dar órdenes. En vez de amenazarlo, intenta algo como: *"Necesito tu ayuda con esto porque..."*

Ser amable está sobrevalorado. Entraste en esta relación porque tu pareja te amaba, asegúrate de que sea recíproco. Cuando iniciamos discusiones se nos olvidan rápidamente todas las cosas que amamos de nuestras parejas, lo que hace más sencillo pelear. Aquí observamos lo certera que es la regla de oro: trata a los demás como te gustaría ser tratado, es lo mismo para tu cónyuge. ¿Cómo te gustaría que te tratara si cometieras el mismo error? Aunque no debes ignorar cada problema que aparezca, debes ser capaz de decir tus preocupaciones sin miedo a estallidos emocionales por parte de tu pareja.

Nuestros cuerpos están programados con instintos creados por millones de años de evolución. Nuestras mentes no pueden notar la diferencia entre una amenaza real y una sensación de amenaza, por lo tanto, solemos actuar de la misma manera ante estas amenazas que ante las que son reales, físicas. Es una respuesta natural ponernos a la defensiva cuando nuestro simpático sistema nervioso se dispara por una amenaza, ya sea real o no. Cuando te encuentras en ese estado mental, no deberías tratar de resolver ningún problema. Cuando tu cuerpo toma el control y tu mente no está pensando lógicamente sobre la situación, también estás retratando a tu pareja a través de tu lenguaje corporal, tu enojo y frustración, lo que probablemente hará escalar la situación y hará que las cosas empeoren.

Hay cuatro áreas principales de habilidad emocional y muchas estrategias dentro de cada una con las que puedes trabajar para mejorar tu comunicación mientras tus emociones están al límite. Muchas de las estrategias utilizadas para mantener tus emociones en control son similares a aquellas de las que hablamos en la sección previa sobre la comunicación en los conflictos. En algún punto en tu vida y en tu matrimonio, vas a experimentar emociones y sentimientos[24] que son difíciles de transmitir a la otra persona.

Tu emoción percibida es la habilidad de leer con precisión tus propias emociones. Cuando estás al tanto de tus emociones, puedes determinar si las emociones provienen de algo interno o externo. Cuando tienes la habilidad de percibir emociones, puedes tomar los factores externos y volverlos internos. Quizás tu carro no arranca esta mañana y eso arruina todo tu día, aun cuando cosas buenas pasen. También podrías ponerte de mal humor más fácilmente cuando la gente a tu alrededor está de mal humor también. Por suerte, lo opuesto también es verdad. Si tienes una habilidad emocional alta, serás capaz de mantener un buen humor, incluso si hay factores externos que no son tan buenos.

Mientras buscas herramientas para ayudarte en esta área de habilidad emocional, deberías

---

[24] https://everydayfeminism.com/2014/02/effectively-communicating-feelings/

trabajar tus sentimientos de forma independiente. Cuando seas capaz de determinar qué clase de sentimiento tienes y nombrarlo (volveremos a eso en un minuto), deberías poder comprender por qué te estás sintiendo así. No buscas culpar a nada ni nadie de tus sentimientos, sino encontrar la fuente de lo que estás experimentando. Cuando encuentres la fuente de esos sentimientos, que pueden ser situaciones o eventos específicos, serás capaz de comunicarlos a los demás de forma más sencilla.

Pero antes de que saques a colación tus sentimientos con otra persona, necesitas ocuparte tú mismo de ellos. ¿Alguna vez has necesitado hablar con alguien sobre asuntos serios, pero cuando es realmente el momento de tener esa conversación, no tienes idea de cómo empezar? No necesitas crear alguna extraña lista con puntos a tratar, pero sí tener una idea general de las cosas que necesitan hablarse y cómo aproximarte a ellas.

Cuando comprendes tus emociones y te abres a ellas, estás listo para hacer decisiones. Necesitas evaluar tus emociones y encontrar una forma útil de aprovecharlas. Comprender incluye identificar o nombrar tus sentimientos/emociones o pensamientos, llegar a la raíz de la causa y, después, decidir cómo actuar al respecto. Ser capaz de hacerlo te ayudará a mantenerte en calma cuando tus emociones quieran desbordarse en cualquier situación. También te ayudará a entender mejor a tu pareja y llegar a un entendimiento mutuo.

Hay unas cuantas estrategias para ayudarte en esta área de habilidad emocional que te facilitarán el comprender tus emociones y pensamientos y así pasar al siguiente nivel, el manejo de tus emociones.

Comprende que eres digno de tus emociones. ¿Alguna vez te has disculpado por sentirte de alguna manera? *"Disculpa, estoy un poco triste hoy cariño, intentaré estar de mejor humor mañana"*. Debes saber esto: ¡tienes permitido sentir cosas y no necesitas disculparte por eso! Mucha gente, al ponerse emocional, tiene la necesidad de disculparse por los sentimientos que experimentan y se sienten arrepentidos. Esto puede hacerte pensar que tus sentimientos no tienen mérito o valor, lo que se convertirá en una gran barrera para que puedas expresarte cómodamente.

No deberías invalidar tus sentimientos, no puedes evitar que los sentimientos surjan. Aunque algunos pueden actuar con malos sentimientos, estos en sí nunca son malos o erróneos. No deberías disculparte por tenerlos.

Reconoce y nombra tus sentimientos y pensamientos. Cuando las cosas se ponen emocionales, nuestros sentimientos pueden volverse nubosos y aglomerarse. Trata de reconocer qué es un pensamiento y qué un sentimiento y dales etiquetas. Piénsalo como que estás capturando datos en la computadora. Etiqueta cada emoción que estás pasando como sentimiento o pensamiento. Tú PIENSAS que a él no le importas, lo que te hace SENTIR enojo. Cuando etiquetes todo y lo transformes en datos, será mucho más sencillo que avances.

Ahora que ya establecimos que eres digno de tener sentimientos y no debes disculparte por ellos, es tiempo de reconocer el hecho de que los tienes, nombrarlos y ponerlos en alguna categoría. Normalmente podemos decir si los sentimientos que tenemos son buenos o malos, pero, ¿qué significa realmente "buenos" y "malos"? Intenta escarbar en lo que estás sintiendo justo ahora. ¿Te sientes bien porque estás satisfecho con tu desempeño de hoy en el trabajo? ¿Te sientes mal porque te hace sentir inadecuado cómo ha estado actuando últimamente tu cónyuge?

Este es el momento perfecto para que explotes el diccionario y descifres lo que estás sintiendo. Esta parte es donde un diario vendría muy al caso. Toma unos minutos de cada día para escribir cómo te estás sintiendo, la raíz de ese sentimiento y otras palabras para describirlo que no sean "bueno" o "malo".

Aquí hay algunas palabras útiles que indican ira:

- Provocado
- Vergonzoso
- Inestable
- Agonía
- Daños
- Duro

Aquí hay algunas palabras útiles que indican felicidad:

- Alegre
- Encantado
- Agradecido
- Satisfecho
- Energético

Como puedes ver, hay muchas maneras de describir cómo te estás sintiendo fuera de "bien" o mal, o "bueno" y "malo".

Ahora que sabes que no debes disculparte por tus emociones todo el tiempo, deberías saber también que tus sentimientos sí les importan a los otros. Como nuestros sentimientos pueden envolvernos tan fuerte en nosotros mismos, es fácil olvidar que a otras personas les importan nuestras emociones. A veces podemos pensar que lo que sentimos no les importa a los demás basados en cómo reaccionan o cómo nos responden. O podemos no darnos cuenta que otros se interesan por nuestros sentimientos porque no hemos encontrado cómo trabajar en ellos nosotros mismos.

Cuando las personas se preocupan por su bienestar, también se preocupan por sus sentimientos. Cuando las personas no se preocupan por su bienestar, a menudo son relaciones tóxicas y no merecen tu tiempo de todos modos. Deberías poder identificar una relación tóxica cuando te das cuenta de que estás poniendo mucho más esfuerzo en la relación que la otra persona. Esto puede suceder tanto en las amistades como en las relaciones de pareja. Alguien que te valora y te ama siempre debe estar dispuesto a escuchar tus sentimientos, sin juzgar ni presionar sus propios intereses.

Cuando entiendes tus emociones, la nombras, las valoras y sabes que importan, puedes predecir cómo te sentirás en situaciones futuras. Aunque que hay diversas situaciones con las que te encuentras a lo largo del día, hay que aceptar que muchas son realmente las mismas. Lidiar con un jefe enojado porque algo no se terminó a tiempo, lidiar con un niño enojado porque no obtuvo lo que quería, lidiar con un cónyuge enojado porque tuvo un mal día. Aunque todas estas situaciones parecen diferentes, pueden manejarse de una manera muy similar.

Oriéntate a la búsqueda de soluciones. Cuando puedes entender tus emociones y de dónde vienen, puedes planear cómo manejarlas en situaciones futuras usando un enfoque basado en soluciones. En vez de atascarse en las emociones y seccionarlas, planea cómo manejarlas. Si estás hablando sobre tus emociones con una persona especial, nombra tus sentimientos utilizando "ME" en tus aseveraciones (volveremos a esto en un momento), entonces enfócate en cómo pueden cambiarse los problemas en el futuro. Aborda la manera en que ambos se sienten, reconoce y nombra los sentimientos y encuentra una manera de avanzar y tratar el problema para que no siga agravándose.

"Siento que no ME escuchas cuando olvidas sacar la basura. ¿Qué piensas al respecto? ¿Cómo podemos cambiar eso en el futuro?"

Estas habilidades emocionales de las que estamos hablando no van necesariamente en un orden específico. Aunque es sabio entender de dónde vienen tus emociones antes de iniciar una conversación al respecto, a veces tienes que lidiar con ellas antes de hacer cualquier otra cosa. Hay muchas formas de manejar emociones y sentimientos a través de la auto-regulación, como controlar tu respiración, repetir un mantra, concentrarte en tu cuerpo, crear un espacio entre la persona con la que hablas y tú, y usar "me" para expresar tu punto de vista.

Controla tu respiración. Tan simple como suena, respirar ayuda bastante a tranquilizarse. Utilizando esta simple técnica de atención, puedes crear grandes cambios en situaciones tensas. Aprender a respirar es una técnica muy sencilla y puede utilizarse en cualquier situación. Si notas que te estás tensando, intenta enfocarte en tu respiración. Ten en cuenta cómo te sientes mientras respiras y el aire llena tus pulmones, y cómo te sientes cuando exhalas. Esto te ayudará a evadir los signos físicos de la angustia y a mantenerte centrado. Los expertos sugieren que cuentes tus inhalaciones y exhalaciones.

Repite un mantra. Esto funciona por muchas razones y es otra técnica muy simple a implementar. Busca o inventa un dicho que te resulte útil y tranquilizador para que te lo repitas cuando te sientas cargado emocionalmente. Puede ser cualquier cosa que creas que te sirva. *"Esto también pasará"* es un mantra muy popular para tiempos difíciles.

Concéntrate en tu cuerpo. Cuando te estás poniendo emocional y preocupado por algunas cosas, sentarte o estar quieto puede hacerlo peor. Aunque puedes alarmar a tu pareja si de repente te levantas en medio de una acalorada discusión y empiezas a moverte por ahí, también puede ayudar a difuminar la situación. Tampoco tienes que hacer largos movimientos para obtener algún alivio, puedes intentar algo pequeño como tocar tu pulgar con otros dedos o agitar tu pierna. Levantarse y mover el cuerpo activa la parte pensante de tu cerebro. Si sientes la necesidad o quieres levantarte y caminar alrededor por un momento, simplemente dile a tu interlocutor lo que estás sintiendo. *"Me siento como que necesito estirar las piernas, ¿te importa si me levanto un momento?"*

Crea espacio. Tus emociones se tensan demasiado cuando apenas las estás sintiendo. Mientras más tiempo te des para procesarlas y trabajar en ellas, menos intensas serán y tendrás una mejor capacidad de comunicar efectivamente tus emociones. Así que, si las cosas se sienten algo acaloradas y necesitas dar un paso atrás, dile a tu pareja. Dile que necesitas alejarte un momento para ir al baño o beber agua, o incluso dile que necesitas procesar lo que está ocurriendo antes de continuar la conversación.

Utiliza "me" en tus aseveraciones. Toqué esta idea recientemente, mientras discutía el orientarse a la búsqueda de soluciones y comprender tus emociones. Usar aseveraciones con "me" ayuda a enfocar tu punto de vista sobre la situación y evita culpar a la otra persona. Estas aseveraciones son directas, honestas y promueven la auto-responsabilidad cuando se usan correctamente. En vez de enfocarte en lo que la otra persona hizo o no hizo, céntrate en lo que sientes cuando esa persona hace algo. Hacerlo te ayudará a adueñarte de tus sentimientos y experiencias, en vez de centrar la conversación en las acciones de alguien más.

"Me siento (así) cuando tu (haces esto) o cuando (esta situación) ocurre".

Abordar una conversación de esta manera, ayuda a ser más neutrales y no parecer que acusamos a la otra persona de algo, evitando que se ponga a la defensiva. También ayuda a ponerte en contacto con tus sentimientos y emociones y con lo que las está afectando.

Esta técnica también puedes usarla en ti mismo cuando estés tratando de descubrir de dónde vienen tus emociones. En vez de enfocarte en algo negativo sobre las deficiencias que percibes en ti, aborda tus sentimientos con "me" cuando estés tratando de reconocerlos y nombrarlos.

"Me siento (así) cuando hago (esto)".

Todos tenemos sentimientos y todos experimentamos emociones de una forma u otra.

A veces, a pesar de nuestros mejores esfuerzos, lo que tenemos que hacer es permitir que nuestra pareja se desahogue y saque algo de su pecho. En este caso, tu mejor apuesta es sentarte a escuchar todo lo que tiene que decir. Recuerda, se trata de responder o reaccionar, eso es lo que mejorará, o no, la situación.

Resumen del capítulo

Aprender a ser un buen comunicador empieza por escuchar bien. Usar la escucha reflexiva es una excelente forma de empezar tu camino a una mejor comprensión. Simplemente repite lo que escuchaste de tu interlocutor, pero con tus propias palabras.

"Ok, entonces lo que estás diciendo es..."

Deberías poder decir, de forma sencilla, si comprendes cuál fue el mensaje.

Hay muchas herramientas que puedes usar para comunicarte efectivamente con tu cónyuge.

- **Elige** cuidadosamente el momento para comunicarte. No intentes tener una conversación seria cuando alguno esté cansado, enojado, solitario o hambriento.
- **Responde** los argumentos de tu cónyuge en vez de reaccionar a ellos, esto te dará el poder de terminar la discusión. Toma una postura neutral y no te pongas a la defensiva ni culpes a nadie.
- **Enfócate** en el tema de la conversación y haz tu mayor esfuerzo para evitar el ruido.
- **Aclara** lo que quieres decir desde el principio de la conversación.
- **Pregunta** más para llegar el mensaje de tu pareja. No lo interrogues, permanece neutral y busca la comprensión.

- Usa la **tecnología** para comunicarte apropiadamente y aléjate de ella cuando estés en medio de una conversación.

- Crea **hábitos** con el otro.

- Busca las **maravillas** de tu relación.

- Busca el **tacto positivo** con tu pareja.

- Elimina los malentendidos **reflejando** lo que tu cónyuge te dice. *"Lo que dices es... ¿Estoy en lo cierto?"*

- Si una conversación se empieza a salir de control, usa la táctica **D.T.A.O.** Esto significa Detente, Tiempo fuera, Aduéñate de lo que te corresponde y Ofrenda de paz.

La comunicación a través del conflicto y la emoción puede ser muy difícil. Hay ciertos pasos que puedes seguir para ayudarte a superar estos tiempos:

- No utilices las críticas como una forma de transmitir tu mensaje, solo causarás más daño.

- Usa declaraciones empáticas para que tu cónyuge sepa que comprendes cómo se siente.

- Mantén la calma y piensa en las buenas cualidades de tu pareja.

- Usa "me" para expresar tus sentimientos. *"Me siento herida y no escuchada cuando olvidas sacar la basura".*

- Concéntrate en el problema actual y no saques a colación asuntos pasados.

- Enfócate en decirle a tu pareja lo que necesitas en vez de recriminarle lo que hizo mal.

- ¡Sean amables entre ustedes!

Nuestros cuerpos no pueden notar la diferencia entre una amenaza real y una sensación de amenaza, entonces la respuesta de huida, lucha o parálisis es la que se hace cargo. Toma práctica y tiempo aprender a controlar nuestras emociones cuando intentamos tener una comunicación efectiva, pero hay cosas adicionales que puedes añadir a tu caja de herramientas:

- Analiza tus sentimientos de forma independiente antes de hablar con tu pareja al respecto.
- Comprender tus sentimientos incluye identificar o nombrar tus sentimientos/emociones o pensamientos, llegar a la raíz de la causa y, después, decidir cómo actuar al respecto.

Aprender cómo comprender tus emociones es otra habilidad que añadir a tu caja de herramientas. Hay muchas estrategias que pueden ayudarte con esta habilidad emocional:

- No te disculpes por tus sentimientos o emociones, no los invalides, eres digno de ellos.
- Reconoce los sentimientos que tienes y nómbralos.
- Escribe sobre tus sentimientos regularmente, cómo te sientes, por qué y describe lo que estás experimentando (utiliza "vergonzoso" en lugar de "malo", por ejemplo).

- Entiende que tus sentimientos también les importan a los otros.
- Oriéntate a la búsqueda de soluciones para manejar tus sentimientos en situaciones futuras.
→ Aquí hay un ejemplo: *"Siento que no me escuchas cuando olvidas sacar la basura. ¿Qué piensas al respecto? ¿Cómo podemos cambiar eso en el futuro?"*

También hay cosas físicas que puedes hacer para ayudarte a manejar tus emociones, y respuestas psicológicas, cuando intentas comunicarte a través de un conflicto o de situaciones tensas:

- Controla tu respiración.
- Repite un mantra.
- Concéntrate en tu cuerpo.
- Crea espacio.
- Usa "me" en lo que aseveres sobre tus sentimientos.

En el próximo capítulo, nos enfocaremos en las claves de un matrimonio saludable y de larga duración, cultivando, reconstruyendo y reparando la confianza.

Capítulo tres: La clave para un matrimonio saludable y de por vida: la confianza

Volvamos al capítulo

La confianza es algo delicado, puede tardar años en ganarse y un segundo en destruirse. En este capítulo, cubriremos algunos de los tópicos más difíciles con los que las parejas luchan. La confianza se puede romper fácilmente y de muchas maneras, como mentir sobre las finanzas o la infidelidad. Aprenderás cómo cultivar confianza duradera en tu matrimonio, lo que necesitas para construir un ambiente seguro, cómo reparar y reconstruir tu relación después de que la confianza se ha roto, cómo salvar tu matrimonio cuando lidias con problemas de confianza, y cómo sobrevivir cuando una infidelidad se ha presentado.

Cultivar la confianza ocurre cuando recién están construyéndola entre ustedes o después de que algo ha ocurrido, por lo que necesitan repararla. Uno no entra a un matrimonio esperando divorciarse o ser engañado. Se casan porque se aman, quieren envejecer juntos y quieren confianza, amor y respeto del otro. Con demasiada frecuencia escuchamos acerca de todas las cosas negativas que giran en torno al matrimonio. Los chismes con las amigas y las pláticas con sus amigos pueden hacernos sentir vulnerables sobre el nivel de confianza en nuestra relación. Para construir la confianza con tu ser querido, hay algunas cosas en las que debes trabajar.

Siempre sean transparentes... incluso cuando los haga sentir incómodos. Necesitan hablar entre ustedes sobre cosas que no serán sencillas. Por ejemplo, si uno de ustedes maneja las finanzas y estas no van muy bien, necesitan comunicarlo a la otra parte. Recuerden, tomaron votos de mantenerse juntos en las buenas y en las malas, así que necesitan tener esas charlas incómodas y no tratar de ocultar las cosas. Esconder cosas lleva a la ruptura de la confianza.[25] Las pequeñas cosas pueden llevar a las grandes y, antes de que te des cuenta, una aventura se presenta. Sé que puede sonar un poco extremo, pero sucede. Cuando mentir, tras años de esconder cosas pequeñas a la pareja, ya es algo que se ve normal, entonces tomar un gran riesgo, como la infidelidad, no es realmente tomar un gran riesgo. Incluso si la conversación es incómoda, incluso si piensas que la otra persona se va a

---

[25] https://ourpeacefulfamily.com/trust-in-marriage-how-to-build-rebuild-restore-spouse-wife-husband/

enojar por ello, la transparencia es clave en la construcción de la confianza en una relación.

Hablen acerca de sus metas en común. Como pareja, cada uno tiene sus metas individuales y otras a las que quieren llegar juntos. Quizá uno de ustedes quiere terminar la universidad, o ambos quieren terminar de pagar el préstamo para la nueva casa. Mientras creas, encuentras y cambias tus metas, tu perspectiva y enfoque también cambiará. Trata de conversar regularmente sobre tus objetivos y la perspectiva que tienen el uno con el otro y con la familia. ¿Cuáles son los pasos que están dando para alcanzar esas metas? ¿Qué están haciendo para que esa meta sea una realidad? Que ambos hablen sobre sus metas, especialmente sobre las que aún son lejanas, ayudará a solidificar la confianza en que aún les queda un largo camino juntos.

Dense su propio espacio. Todos necesitamos algo de tiempo para nosotros mismos y no, estar en el trabajo o ir a la tienda no cuenta. Ser capaz de darse su espacio es crucial para el desarrollo de la confianza en la relación. Piénsalo así: ¿te daría confianza que tu esposo no te dejara salir nunca de casa? Aunque en realidad amen pasar tiempo el uno con el otro, también deben alentarse a disfrutar pasatiempos individuales o a salir con sus amigos o familiares. Probablemente lo necesiten de vez en cuando para desestresarse tras una discusión. Pasar algún tiempo separados no solo ayuda a construir la confianza, también nos da tiempo para recargarnos de energía y ser la mejor persona que podamos al regresar.

Compartan sus valores en común. Si ya estás en un matrimonio, voy a asumir que compartes algunos valores con tu pareja. Los valores pueden ser cualquier cosa, desde cómo manejar sus finanzas, su fe y, especialmente, a sus hijos. No compartir valores comunes cuando se tienen hijos juntos puede ser extremadamente exigente en una relación. Tú y tu pareja deben ser capaces de hablar de las cosas que los apasionan, de tal manera que puedan enfocar su energía en prioridades conjuntas. Si han tenido un desacuerdo, saber que tienen sus valores en la misma página los ayudará a centrarse de nuevo como pareja y a saber que pueden confiar el uno en el otro.

Pon tu historia en exhibición. El matrimonio es un viaje, uno del que debes estar orgulloso. Algunas veces, cuando estás en un día muy pesado, en una pelea o perdiendo la confianza en el otro, un recordatorio visual puede ayudarte a recordar por qué estás en esa relación. Acomoda imágenes y recuerdos de momentos grandes y pequeños. Grandes eventos como tu matrimonio o el nacimiento de tus hijos. Las pequeñas cosas como que llevase tu café favorito al trabajo porque sabía que estabas teniendo un mal día. Esto te ayudará a recordar la confianza que construiste con el otro y por qué debes seguir trabajando en ella a diario.

Promueve y construye un ambiente seguro en tu matrimonio. Tener un ambiente seguro puede significar muchas cosas. Generalmente buscamos seguridad ante una amenaza, ya física o emocional. Para poder realizar una comunicación efectiva, ambas partes necesitan sentirse seguras física y emocionalmente.[26] Aun cuando puede que no haya violencia física o gritos, puedes sentir una amenaza, ya que el cerebro no distingue si es algo real o solo una sensación. Si hay algún tipo de abuso físico o emocional, ve a un lugar seguro cuanto antes.

Cuando alguien siente que su seguridad emocional está en peligro, reaccionará. Esta reacción podría ser abandonar la habitación o arremeter contra la otra persona. El objetivo es ser capaz de crear un ambiente de comunicación efectiva e intimidad, en lugar de uno del que quieras escapar lleno de animosidad. Puedes ayudar a fomentar la intimidad en una relación, incluso después de una pelea, creando un espacio que se sienta seguro para ambos.[27] Cuando ambos estén relajados y en un estado de paz, el

---

[26] https://www.focusonthefamily.com/marriage/how-to-create-an-emotionally-safe-marriage-environment/
[27] https://www.focusonthefamily.com/marriage/creating-a-safe-marriage/

abrirse y compartir simplemente ocurrirá. Cuando ambos se sientan seguros, no deberían tener que forzar la intimidad o trabajar horas extras para crear una conexión. Si intentan permanecer cerrados y desconectados, aparecerá claramente una tensión emocional.

Cuando te sientes herido, te desconectas. Cuando tu cónyuge admite y se disculpa por sus fechorías, a menudo no desea desconectarse por más tiempo. Desea abrir su corazón y conectarse nuevamente. Después de que una discusión haya terminado, su objetivo principal debería ser reconectarse entre sí en un ambiente seguro y amoroso. Cuando nos sentimos emocionalmente seguros, podemos abrirnos a lo que realmente somos, sabiendo todo el tiempo que nuestra persona especial aún nos amará incondicionalmente.

También deben darse cuenta de que cada uno tiene equipaje que ha traído consigo al matrimonio. Tal vez de relaciones románticas anteriores o de sus familias o amigos. Si en una relación previa siempre te menospreciaron, podría ser difícil que aceptes alguna crítica sin sentir que estás siendo atacado, iniciando así tu respuesta de huida o lucha. Trata de entender por qué alguien reacciona de la manera en que lo hace. ¿Es por cómo enfocaste el tema? ¿Son traumas del pasado? ¿Será que simplemente no tiene la disponibilidad emocional para encarar lo que quieres discutir en ese momento?

Todos tenemos el poder de controlar nuestros comportamientos, pensamientos, sentimientos y creencias. Puedes cambiar la forma en que te muestras en una relación y expresar de manera efectiva a tu cónyuge cómo te sientes acerca de una situación. Se respetuoso con sus sentimientos y sus experiencias pasadas, para que puedan construir entre ambos un futuro estable.

Aunque ambos miembros de una pareja han estado en su viaje individual, cuando se casan, también hacen un viaje en conjunto. Sin embargo, para realmente estar en un viaje con el cónyuge (no solo haciendo un viaje diferente junto a él), deben darse permiso y cooperar. ¿Alguna vez conociste a una pareja casada que parecieran más compañeros de cuarto que una pareja real? Esto no es hacer un viaje juntos, es hacer viajes separados al mismo tiempo. No pueden crecer juntos y tener una comunicación efectiva si un cónyuge no coopera.

Ya hablamos sobre respetar tus límites y los de tu pareja para hacer que el amor y el respeto trabajen juntos. Pero no discutimos los límites con respecto a la seguridad emocional. Establecer límites puede significar muchas cosas diferentes. Quizá cuando entren en una discusión acalorada deba haber límites físicos entre ustedes, como una mesa. O tal vez si uno de ustedes se siente emocionalmente inseguro, se le puede permitir alejarse sin que lo llamen o lo sigan. Tomará algún tiempo resolver las cosas. No intentes establecer esos límites cuando te encuentres en medio de una discusión, hazlo cuando ambos hayan tenido tiempo de pensar y conversar del asunto, para entender qué funcionará mejor para ustedes como individuos.

Ahora que hemos establecido cómo cultivar la confianza en una relación, ¿qué haces cuando esta se rompe? Hay muchas razones para que se rompa la confianza en una relación. Las promesas incumplidas, las mentiras, la infidelidad, todas son cosas que pueden erosionar rápidamente la confianza en una relación.[28] El hecho de que se haya roto la confianza no significa que haya terminado indefinidamente.[29] Aunque puede ser difícil reparar la confianza en un matrimonio una vez que se ha roto, no es imposible. Si ambos compañeros se comprometen a trabajar en la confianza, se puede reparar.

Reparar la confianza rota no es fácil, lleva mucho tiempo y esfuerzo de ambas partes. Muchas parejas se quedan atrapadas aquí porque no saben recoger las piezas y seguir adelante. No

---

[28] https://www.youtube.com/watch?v=zJiM5OdA0Lw
[29] https://www.youtube.com/watch?v=ix0HXk3Vi1s

importa si fuiste tú quien rompió la confianza o no, repararla y reconstruirla es una calle de doble sentido en la que ambos deben andar juntos.[30]

Ahora, el proceso de trabajo para reparar la confianza que voy a describir a continuación, puede ayudar cuando se rompe la confianza en casi cualquier situación. Quizá tu cónyuge (o tú) tuvo una aventura emocional o física o mintió sobre las finanzas. Si bien puede que esto no abarque todas las formas en que la confianza de

---

[30] https://www.verywellmind.com/rebuild-trust-in-your-marriage-2300999

las parejas se rompe, muchas pueden caer en estas categorías.

El primer paso es siempre el más difícil. Antes de que ambos puedan comenzar a reparar su relación, el culpable debe reconocer sus errores y la otra parte necesita conocer todos los detalles. Quienquiera que sea el culpable, debe reconocer los errores que cometió y no intentar excusar o justificar sus acciones. Cuando intentas justificar o excusar tus acciones, solo empeoras las cosas al molestar más al otro cónyuge.

Cuando sucede algo y no conocemos todos los detalles, nos mantenemos ingenuos sobre las cosas o asumimos el peor de los casos. Si un cónyuge ha cometido un error, debe ser abierto y honesto sobre la situación y debe aceptar todas las preguntas que se necesiten del otro cónyuge, sin importar cuán incómodo sea. Esto ayudará a exponer todo y no permitirá que el otro haga suposiciones sobre lo ocurrido.

Puedes pensar que es una buena idea minimizar el daño causado al omitir algunos de los detalles sobre el evento que rompió su confianza. Aunque es un pensamiento lógico, hay un error importante. Digamos que omites un detalle (o varios), estás trabajando en reparar y reconstruir tu matrimonio, las cosas van muy bien y entonces, ¡BAM! Esos detalles de alguna manera se revelan. Ahora has vuelto a perder la confianza, pero esta vez será más difícil de reparar y reconstruir, si es que pueden hacerlo.[31]

Perdonar no significa olvidar. Para trabajar en la reparación de tu matrimonio después de una ruptura de confianza, debes perdonarte a ti mismo y a la otra persona. Esta es una parte muy importante del proceso para recuperar la confianza y el bienestar emocional de ambos. Cuando sucede algo, tratamos de encontrar explicaciones para ayudar a comprender la situación. Nuestra pareja podría culparse a sí misma, o la persona culpable podría intentar

---

[31] https://www.fatherly.com/love-money/rebuild-trust-marriage-major-screwup/

inculpar a su pareja. Tal vez sentimos que hay algo mal con nosotros y es por eso que sucedió, y si hubiera alguna forma de solucionarlo, no volvería a suceder en el futuro. Muchas personas tienen dificultades para perdonar a alguien si se ha roto la confianza. Si los perdonan, pueden sentir que se están librando fácilmente o que muestran debilidad al perdonar sus acciones.

Perdonarte a ti mismo, seas o no el culpable, muestra que aún te valoras y sabes que eres digno de amor y respeto. Cualquiera que sea la situación, el comportamiento de la otra persona no tiene nada que ver con el tuyo, sino que es un reflejo de sí mismo. Perdonar a alguien no se trata de esa persona, se trata de tu bienestar emocional y tu libertad. Si puedes comprender la perspectiva del otro, podría ser más fácil que dejes de concentrarte en la culpa y comiences a sanar. Perdonar a alguien y hacer las paces con la situación es más fácil cuando miras a toda la persona, en lugar de ver solo sus errores o defectos. Todavía hay muchas cosas buenas en esa persona y las razones por las que lo amas siguen ahí. Intenta enfocarte en esos aspectos mientras buscas y perdonas los errores pasados de alguien.

Cuando alguien te lastima, te enojas, y eso es totalmente comprensible. Está bien estar enojado al principio. Incluso la mínima parte de la confianza que se rompe puede conducir a problemas importantes, incluidos problemas de salud mental, emocional y física. El mecanismo de defensa de algunos podría ser el enfurecer y no hablar. O tal vez la molestia se expresa en otras acciones externas, como una disminución del apetito, problemas para dormir o mayores niveles de irritabilidad. Si tú eres la parte inocente, debes hacer una introspección y centrarte en los sentimientos que estás experimentando. ¿Cómo se ha trastornado tu vida? ¿Qué preguntas o dudas tienes sobre el incidente?

Si eres la parte culpable, ¿qué tipo de emociones y sentimientos experimentas? Deberías poder expresarlos abiertamente en un entorno seguro, sin juicios ni escrutinio. Para sanar, necesitan poder comunicarse efectivamente entre sí.

Es fácil cuestionar el compromiso cuando ocurre una traición de algún tipo. Quizá te estés preguntando si vale la pena salvar tu matrimonio o si todavía son adecuados el uno para el otro. Es muy simple decir que vas a hacer o cambiar algo, y es completamente diferente cumplir con ello hasta el final. Si comienzas a hacer promesas vacías y a incumplirlas, tu cónyuge no confiará en ti y no te ayudará a reparar la relación.

Puedes mostrar compromiso al cumplir tus promesas y promover la empatía dentro de la relación, compartiendo el dolor y la frustración del otro, mostrando remordimiento (si eres el culpable) y dejando espacio para que el otro pueda valorar y reconocer tus emociones y sentimientos heridos. Deben poder informarse mutuamente lo que necesitan del otro para sanar y avanzar en su relación.

Concéntrate en usar "me" en tus aseveraciones y evita usar palabras centradas en la culpa como "siempre", "nunca" y otras parecidas. La situación de ruptura de confianza ocurrió porque no tenían una comunicación efectiva en primer lugar. Ahora es el momento de cambiar eso y construir una relación más fuerte.

Construir una relación sólida no sucede de la noche a la mañana. El viejo dicho, "Roma no se construyó en un día", es válido para muchas cosas. Esto se vuelve especialmente cierto cuando se ha roto la confianza en una relación. Si bien no es divertido vivir con alguien que te critica por lo que hiciste, solo pedir perdón podría no ser suficiente para que todo vuelva a la normalidad. Cuando se ha perdido la confianza, puede llevar mucho tiempo reparar lo que se ha roto. Esto va junto con mostrar compromiso y hacerle saber a tu cónyuge que no importa cuánto tiempo lleve recuperar las cosas, tú estás allí para ser su apoyo. Obligar a alguien a perdonarte más rápido no va a funcionar. Necesitan poder superar sus emociones y sentimientos a su propio tiempo.

Tu relación puede ser diferente y tienes que estar de acuerdo con eso. Aunque puede ser un pensamiento angustiante, debes darte cuenta de que incluso después de que la relación ha sido reparada y reconstruida, es posible que nunca sea igual que antes. Incluso si hay perdón, puede que no sea un perdón total. Tampoco es algo que puedan olvidar pronto. Si así es como se desarrollan las cosas, debes ser capaz de aceptarlo y avanzar lo mejor que puedas.

Cuando trabajas para reconstruir la confianza en una relación, debes asegurarte de que tus palabras y tus acciones sean iguales.[32] Es como tratar de perder peso, no puedes decir que no vas a comer pastel mientras lo masticas. Eso simplemente no cuadra. Cuando tu relación es inestable, necesitas aferrarte a esa estabilidad donde y cuando puedas. Puedes mostrarle a tu

---

[32] https://www.psychologytoday.com/us/blog/living-forward/201609/how-rebuild-trust-someone-who-hurt-you

cónyuge que te tomas en serio el cambio cuando realmente haces lo que dices y lo haces de manera constante. Esto también le muestra que deseas recuperar esa confianza y que estás dispuesto a trabajar para ello.

Ahora que te das cuenta de cuánto tiempo llevará la reconstrucción de la confianza, debes ser capaz de establecer plazos y objetivos realistas para el proceso de reconstrucción. Ambos necesitan tomar una decisión consciente de perdonar o ser perdonados. Aunque puede llevar algo de tiempo, dejar el pasado y comprometerse a avanzar es la clave para la curación. Por supuesto, cada parte tiene que hacer que funcione. No pueden tener un cónyuge haciendo todo el trabajo mientras que el otro se sienta y espera a que las cosas cambien sin que tenga que hacer nada.

También se produce un gran crecimiento cuando se avanza en la reconstrucción de la confianza marital. A menudo, cuando ocurre una traición de algún tipo, es debido a algunos problemas subyacentes que deben resolverse. Para que esos problemas se resuelvan, deben ser identificados y trabajados por ambos cónyuges, no solo por el culpable. Ambos necesitan explorar sus pensamientos y sentimientos sobre el asunto y no dejarlos cocinar a fuego lento. Esto solo hará que la confianza permanezca rota y se genere resentimiento.

Al reconstruir la confianza en su matrimonio, deben aprender a confiar el uno en el otro y en ustedes mismos. Debes confiar en ti mismo para confiar en los demás. Las personas temen volver a confiar en los demás una vez que han sido heridas, porque no quieren volver a pasar por eso y humillarse o avergonzarse. También puede afectar su autoestima temer siempre que su pareja vuelva a perder su confianza. O pueden sentir que serán vistos como débiles si se quedan con alguien que ha roto su confianza. Por lo general, se necesita mucha más fuerza para permanecer en una relación (obviamente no abusiva) y trabajar las cosas, que para irse.

Aunque tú, como parte no culpable, podrías hacer todo lo posible para confiar nuevamente en alguien, no hay certeza de que no volverá a romper tu confianza. Lo mismo podría decirse en el otro sentido. Incluso si fueras el culpable e hicieras todo lo que estuviera a tu alcance para intentar recuperar la confianza de alguien, existe la posibilidad de que nunca vuelva a confiar plenamente en ti. Cuando le das a alguien tu confianza, siempre hay un poco de fe y de azar involucrados. Debes tener fe en que no volverán a romper tu confianza, pero también debes arriesgarte a que lo hagan.

Una vez que ambos se hayan comprometido a trabajar juntos en la relación y a reconstruir su confianza, podrán comenzar de nuevo. Trata tu relación como si fuera nueva. Deben decirse exactamente lo que quieren y necesitan y no esperen que el otro les lea la mente. Para que su relación avance de manera saludable, deben asegurarse de no negarse una confianza mutua. Aunque todavía sientas miedo o enojo por tu cónyuge, para reconectarte emocionalmente debes volver a confiar. Tienen que trabajar juntos para construir un matrimonio saludable y establecer objetivos comunes para su relación. Tal vez sea hora de implementar una noche de cita regular, trabajar juntos en un plan de cinco (o 25) años. Consulta regularmente al otro para ver cómo siente cada uno que su relación progresa.

Una de las cosas fundamentales que deben comprender sobre la confianza es que es un problema secundario, no es el problema principal en la mayoría de las relaciones. La falta de confianza ocurre como resultado de algo. Cuando alguien nos lastima, al hacer trampa o mentir sobre algo, desarrollamos una falta de confianza porque tememos que vuelva a suceder lo mismo (o algo similar). Entonces comienzan a cuestionarse a sí mismos y a su cónyuge y pierden la confianza en la pareja.

Aunque tus problemas son exclusivos de tu pareja, las parejas en todas partes han lidiado con el mismo tipo de problemas. No eres la excepción a la regla. Los problemas que enfrentan como pareja ya han sido padecidos y resueltos por muchas otras parejas. Estoy diciendo esto para darte esperanza. Aunque tus problemas son únicos para ti, la situación y los problemas centrales no son únicos. Aquí hay nueve principios que te ayudarán a salvar un matrimonio con problemas de confianza:[33]

Sé positivo y agradece a tu cónyuge. Tu mentalidad debe estar en condiciones de implementar todos los demás principios. Muchas parejas sienten que sus situaciones son malas de una forma extraordinaria. Una relación dolorosa no es lo mismo que una mala relación. Para ser positivo, debes poner tu relación, como es ahora y sin cambiar nada, en el lado bueno de la lista. En comparación con las relaciones de los demás, la tuya está en el medio. Siempre habrá parejas que estén peor que tú y parejas que estén mejor que tú. Es simplemente un cambio en tu mentalidad.

---

[33] https://www.youtube.com/watch?v=8xJfSOsRWbs

Mira las cosas buenas que hay en tu vida y en tu relación. ¿Qué es eso por lo que estás agradecido?

¡No te olvides de tus valores! Echa un vistazo a tu relación. ¿Por qué estás en ella en primer lugar? Lo más probable es que ambos tengan valores en común que inicialmente los unieron. Recuerden cuáles son esos valores rectores y cómo afectan su relación.

Aquí es donde entra en juego la humildad. Tu disposición a cambiar. Si bien es posible que sientas la necesidad de señalar las cosas que tu cónyuge necesita cambiar, eso puede causar más fricción. Observa y toma notas de las cosas que necesitas cambiar y trabaja para solucionar tus propios problemas y guiar tu comportamiento.

Necesitas perdonar a tu cónyuge. Esto implica tu disposición a dejar que la otra persona cambie. No te concentres en mantener el historial sobre su cabeza, ni continúes manteniendo cierta imagen del otro en tu mente. Si alguien realmente quiere cambiar, tiene el poder de hacerlo.

Ya sea que eres o no el culpable, ¿qué tipo de respeto vas a practicar? Podemos sentir la necesidad de ser respetados, pero respetar es igual de importante. Aunque puede ser difícil respetar a tu cónyuge en ciertas situaciones, siempre debes ser una persona respetuosa. Respetar no se trata del otro, se trata de ti.

Elije comportamientos y acciones amorosos. Con esto no me refiero al amor suave y romántico. El amor es una elección, se trata de cómo se muestran el uno al otro. Realmente no hay terreno neutral, hay amor u odio hasta cierto punto. Tienen que tomar la decisión de amarse. Deben asumir la responsabilidad de sus propias elecciones y comprometerse con ellas, y deben elegir el amor si desean reconstruir y reparar su relación y la confianza.

La compasión tiene que ver con la amabilidad. Cuando eres compasivo por algo, estás dispuesto a sufrir por ello. ¿Qué estás dispuesto a comprometer en esta relación? Cuando eres capaz de superar todas las culpas y señalar con el dedo, ¿qué tan importante es la relación para ti? ¿Estás dispuesto a sufrir y salir de tu zona de confort para que funcione?

Reconstruir y reparar un matrimonio después de que se ha roto la confianza es mucho trabajo duro. Levantar tu relación requiere el esfuerzo de ambas partes. Todo lo que valga la pena requerirá esfuerzo y será una batalla cuesta arriba.

Ahora, sé que podría ser lo último en lo que piensas cuando intentas reparar la confianza rota, ¡pero es muy importante! ¡Actividades! Buenas actividades recreativas, típicas y saludables. Intenta establecer una agenda de citas, una vez por semana si es posible. No solo aguanten vivir juntos, ¡diviértanse! Cuando se diviertan, no se concentren en los problemas que buscan resolver, déjense llevar por el momento y enfóquense en estar juntos.

Las personas suelen describir la infidelidad como un factor decisivo en un matrimonio. Pero, ¿qué pasaría si fuera posible sobrevivir e incluso prosperar en un matrimonio después de que sucedió la infidelidad? Esto, desafortunadamente, es algo con lo que muchas parejas han tenido que lidiar. Es difícil e incómodo hablar y puede ser aún más difícil de curar. Es posible, sin embargo, salir del otro lado con una relación más fuerte, más saludable y más satisfactoria, si ambas partes se comprometen a trabajar en la relación, aplican los principios de los que hablaremos en esta sección y toman la decisión consciente de hacer que funcione.

Claro que la infidelidad no es saludable ni constructiva para una relación, pero no tiene por qué ser el final de la misma. Puedes usar esta experiencia para fortalecer tus lazos con tu pareja y tus habilidades de comunicación e, incluso, para aumentar su amor mutuo. Aquí hay cuatro principios en los que tú y tu pareja deben centrarse para superar la infidelidad y comenzar a reconstruir y reparar su relación.[34]

En primer lugar, terminen con la infidelidad. Sí, sé que parece obvio, pero es un paso crítico para avanzar. No puedes avanzar y sanar si tú o tu cónyuge todavía está teniendo una aventura. Este puede ser un paso muy difícil para el culpable, ya que hay muchas dinámicas que debe cortar en el desarrollo de la otra relación.

Cortar completamente la conexión. Esto va de la mano con el primer paso. Algunas personas, al terminar una aventura, pueden seguir hablando con esa otra persona. ¡Debes asegurarte de que toda conexión con la persona con la que ocurrió el desliz, se rompa! Elimina el contacto de teléfono, bloquea su número y deja de seguirlo en todas las redes sociales. ¡No importa si sientes que estás siendo grosero, sé grosero! Estás haciendo esto para salvar tu matrimonio, no te preocupes por salvar las formas con alguien con quien tuviste una aventura. No te preocupes por

---

[34] https://www.youtube.com/watch?v=4wc9BrD0lCY

lo que otras personas piensen de ti, no puedes controlar sus pensamientos, solo necesitas preocuparte por ti y por tu cónyuge.

Crea total transparencia en tu matrimonio. La infidelidad se basa en secretos y en ocultarle cosas a tu pareja. Si tienes cuentas en redes sociales, elimínalas o dale a tu cónyuge acceso a todo, incluidos tus contactos telefónicos y mensajes de texto. Bríndale acceso a todas tus cuentas de correo electrónico, a cualquier cuenta bancaria que tal vez no conozca, cualquier cosa, todo. Sí, esto puede parecer una invasión de la privacidad, algo muy intrusivo, y lo es. El matrimonio es una experiencia íntima, por lo tanto, no deberías tener problemas en dejar que el otro esté al tanto, a menos que estés tratando de ocultar algo. Deberían compartir cosas íntimas entre sí y estar de acuerdo en hacerlo. Completa y total transparencia.

Tómense el tiempo para comunicarse entre sí. Para reparar un matrimonio que ha pasado por infidelidad, se debe hablar y comunicar mucho.

La comunicación va más allá de las simples conversaciones. Tómense el tiempo de hablar y háganlo con seguridad, mientras discuten cosas que pueden hacerlos sentir vulnerables. Las parejas pueden encontrar que es útil obtener asesoramiento o contratar a un *coach* para facilitar este proceso. No quieres acabar peleando cada vez que intentas hablar, aprender y practicar habilidades de comunicación.

Una vez que se ha roto la confianza en una relación, puede ser muy difícil recuperarla. Que un cónyuge rompa la confianza, es una de las cosas más perjudiciales que podrían hacerle a la relación. Como humanos, todos estamos rotos de alguna manera y usamos esas partes rotas para lastimar a los que amamos. Una de las mejores maneras de reconstruir la confianza es a través de la integridad constante y haciendo exactamente lo que dicen que van a hacer. Tener integridad tiene que ver con que lo que dices y lo que haces sea siempre coherente. Tener integridad es como hacer depósitos en la cuenta bancaria de la confianza. Cuando hayas hecho un gran retiro por desconfianza, debes volver a llenar tu cuenta con depósitos de integridad.

Siempre que estamos heridos u ofendidos, hacemos una historia en nuestras mentes y creamos un apego a esa historia, normalmente es la historia de una víctima. Cuando te dices a ti mismo que eres una víctima, le estás dando a la persona que te lastimó todo el crédito en tu historia. Lo que deberías hacer es darte el crédito y contarte una historia de héroes. Eres un héroe por perdonarlo y avanzar hacia una mejor relación, o eres un héroe por dejarlo ir y sacar a una persona tóxica de tu vida.

Cuando te hieren en una relación, tienes dos opciones: dejar que esa relación se vaya o arreglarla y seguir adelante. Si eliges dejar ir la relación, debes ser capaz de liberarte de ella sin lamentarlo. Si va a elegir arreglar la relación y avanzar en pareja, debes asegurarse de que ambos harán un esfuerzo para reparar y reconstruir la relación. De cualquier manera, debes poder perdonar a esa persona y seguir adelante, solo o en su compañía.

Resumen del capítulo

Confiar en tu cónyuge es muy importante para un matrimonio largo y saludable. Aun así, es algo muy delicado que puede romperse con facilidad. Hay cosas que puedes hacer para cultivar la confianza en tu matrimonio, además de reparar y reconstruir lo que se ha roto.

- Siempre sé transparente, incluso en situaciones incómodas.
- Hablen de sus metas en común.
- Dense su espacio.
- Compartan sus valores.
- Muestren su historia.

Para que una relación prospere, cada pareja debe sentir que se encuentra en un ambiente seguro. Estos ambientes seguros pueden ponerse en jaque con una amenaza real o con la mera sensación de una amenaza. También traemos equipaje a nuestra relación, lo que puede influir en su comportamiento. Están juntos en un viaje, pero deben autorizarse a participar en el viaje del otro y cooperar. También deben poder establecer límites entre sí para crear un ambiente seguro.

¿Qué pasa cuando la confianza se ha roto? ¿Cómo se arregla?

- Reparar la confianza es una vía de doble sentido y requiere el compromiso de ambos.
- Aduéñate de tus errores. No pongas excusas ni intentes justificar tus acciones.
- Deja salir TODOS los detalles, no retenga nada.
- Perdónense.
- Libérate de tu enojo.
- Mantén tus promesas.
- Llevará tiempo reparar la relación cuando se ha roto la confianza.

- Es posible que tu relación nunca sea la misma y tienes que estar de acuerdo con eso.
- Trabaja la coherencia entre tus palabras y tus acciones.
- Establece plazos y objetivos realistas para reparar la confianza en tu relación.
- Díganse exactamente lo que quieren de su relación.

Es posible salvar un matrimonio con problemas de confianza. Tu relación no ha ido muy lejos, aquí hay nueve cosas que puedes hacer para revivir un matrimonio que sufre porque se ha roto la confianza:

- ¡Sé positivo y muestra gratitud!
- No olvides los valores que compartes con tu pareja.
- Tienes que estar decidido a cambiar.
- Perdona a tu cónyuge.
- Practica respetar a la gente, aunque sientas que no lo merecen.

- Elige comportamientos y acciones amorosos.
- Muéstrense compasión.
- Requerirá mucho esfuerzo, trabajen para lograrlo.
- No olviden divertirse.

Cuando ha ocurrido una infidelidad, hay cuatro grandes cosas que puedes hacer para asegurar la supervivencia de tu matrimonio:

- Termina la infidelidad.
- Corta cualquier comunicación con el tercero en cuestión.
- Cree completa transparencia.
- Hagan tiempo para comunicarse de forma efectiva.

Así como todos traemos equipaje a nuestras relaciones, todas las piezas rotas que tenemos como seres humanos las utilizamos para lastimarnos mutuamente. Cuando te lastiman en una relación, tienes una de dos opciones: puedes dejar ir a esa persona tóxica o puedes hacer todo lo posible para tratar de arreglar las cosas.

En el próximo capítulo, a mantener un matrimonio vivo y a permanecer completamente enamorado de su pareja.

Capítulo cuatro: Mantener el matrimonio A.L.I.V.E. (vivo) y permanecer enamorados

No importa si has estado casado por un año o por 50. No importa si tienes hijos, hijos jóvenes, si siguen contigo, si ya crecieron y viven solos, o si nunca tuviste hijos. Los matrimonios pueden estancarse. Las cosas pueden volverse mundanas y aburridas. Quizás se sienten más como compañeros de cuarto que como amantes. Un matrimonio viciado no tiene por qué ser una sentencia de muerte. Todo lo que falta son algunas habilidades de comunicación y un poco de esfuerzo para mantener el amor vivo en tu matrimonio.

Utilicemos ALIVE como un acrónimo para mostrarte cómo mantener tu matrimonio próspero.[35]

¡A es por la actitud! ¡Tu actitud no es cómo te sientes sobre las cosas! Tu actitud realmente puede afectar cómo te sientes, pero tus sentimientos no son tu actitud y tu actitud no es cómo te sientes. Tus sentimientos son resultado de algo que ha ocurrido. Tu actitud es tu postura sobre cómo manejar lo que ha ocurrido. Si apuntas a mantener vivo tu matrimonio,

---

[35] https://www.youtube.com/watch?v=9HAWYZxji4k

necesitas asumir una postura positiva respecto al mismo, incluso si sientes que las cosas no van bien. Tomando en cuenta cómo están las cosas en tu matrimonio en este momento, piensa esto: sí, las cosas podrían estar mejor, pero también podrían estar peor. La posición que tomes respecto a tu matrimonio depende de la forma en que lo mires en relación a cómo podría ser. Si estás mirando un matrimonio que está mucho peor, por supuesto, el tuyo se verá mucho mejor. Si quieres mantener tu matrimonio vivo y saludable, asume la actitud de que ya lo está.

L es por amor (en inglés, *love*). No se trata del amor cursi y romántico, eso es maravilloso por sí mismo, yo me refiero a la elección de amar a tu cónyuge. Hay dos caras de la moneda en una relación, odio y amor, bueno y malo. A fin de cuentas, hay dos lados. Tienes que tomar la decisión consciente de amar a tu cónyuge. Realmente no hay opciones neutrales, o bien haces las cosas por amor o por odio. Odio aquí no significa odio de la manera en la que podrías pensar, también puede significar resentimiento, antipatía, aborrecimiento, asco, animosidad, apatía, hostilidad, antagonismo, dolor, venganza, agravio, despecho, desdén, y la lista sigue. Del otro lado del espectro, el amor puede significar muchas cosas y manifestarse de muchas maneras. Podría significar ternura, emoción, aprecio, afecto, cariño, amistad, lujuria, pasión, respeto, apego, fidelidad, disfrute, y más. Tienen que hacer un esfuerzo consciente para amarse el uno al otro y actuar por amor en vez de odio.

I es por inspiración. Cada uno lleva energía a la relación, que es o bien positiva o bien negativa, como el amor o el odio que dirige nuestras acciones. Con la inspiración también estás tomando una decisión sobre si destruir o construir tu relación. ¿Qué estás haciendo para destruirla o construirla? Hay muchos factores que entran en juego. Tus pensamientos, tu energía, tu tacto y tu lenguaje, todo ayuda a destruir o a construir tu relación. Inspira y eleva no solo tu relación sino también a tu compañero. No se destrocen y critiquen el uno al otro.

V, en nuestro acrónimo, significa virtud. Habrá un momento (o muchos) en tu matrimonio donde tendrás que elegir entre lo que es fácil y lo que es correcto. Cuando ese momento llegue, asegúrate de hacer lo que es correcto y mantenerte virtuoso. El principio es simple, haz lo que es correcto. El acto virtuoso puede ser muy difícil. ¡Haz lo que es correcto, incluso y especialmente cuando sea difícil!

La última letra en nuestro acrónimo ALIVE es la E, que significa energía. Todos tenemos cierta energía y vibración. Cuando somos positivos y constructivos, nosotros "vibramos" más alto que cuando somos negativos. Queremos buscar personas que vibran de la misma manera que nosotros. Esto nos hace compatibles con esa persona. Cuando una persona está vibrando con energía buena, positiva y la otra persona tiene energía negativa, no hay tanta compatibilidad. Si sientes que tienes energía muy negativa (que estás enojado por algo o molesto) intenta llevarte a una frecuencia más alta haciendo cosas que tengan energía positiva. Por ejemplo, escuchar música que esté llena de amor y energía positiva en vez de música enojada o depresiva. Esto puede aplicarse fácilmente a tu relación. Cuando estás operando en un nivel más alto, casi obligarás a tu cónyuge a subir a tu nivel. Mientras que podría sentirse poco cómodo hacerlo al principio, debería, con algo de tiempo, ser capaz de subir a tu nivel o de llegar a algún lado en el que ambos tengan mejor energía.

En lo que queda del capítulo, vamos a repasar la psicología de enamorarnos todos los días, cómo manejar el abuso verbal de tu pareja, cómo hacer que tu cónyuge te preste atención (incluso si está el juego de fútbol americano) y qué hacer si tu pareja te está enloqueciendo.

Ya hemos establecido que cuando hablamos de amor, no hablamos de pasión o lujuria, hablamos de la elección del amor. Nuestro amor pasa por diferentes niveles de madurez. Estos niveles de madurez pueden ser definidos mirando la química, la claridad y el compromiso. La química se refiere a sentimientos como la pasión y la lujuria. La claridad se adentra en sus valores, personalidad e intimidad, para observar cómo estas tres trabajan juntas. Y por supuesto, el compromiso realmente se fija en la habilidad de trabajar durante momentos y situaciones difíciles y ser capaces de atravesarlas con un matrimonio fuerte e intacto.

El primer nivel de madurez en una relación es el anhelo. El amor anhelado está en esos finales de cuento de hadas, la parte de "enamorarse" de una relación. Es alto en química, a menudo con mucha pasión y lujuria. Esa etapa donde simplemente no pueden quitarse las manos de encima.

La siguiente fase en una relación trata sobre ganarse el amor. Empezamos a ganarnos el amor después de la luna de miel, cuando la vida real se asienta, por así decirlo. Este es el periodo donde la claridad de la relación es mucho más alta y se vuelve más definida. Aquí es donde las metas y las expectativas dentro de la relación se están desarrollando. El compromiso, en este punto, podría ser cuestionado. ¿De verdad la relación está hecha para durar? ¿Eres capaz de arreglar tus asuntos y salir de ellos avante? A veces, después del periodo de anhelo, la relación puede terminar. Creen que ya no están enamorados, cuando en realidad el amor solo se ha movido a otra fase de desarrollo.

El periodo perdurable de la relación es el último. Aquí es donde encontrarás personas que han estado casadas por un largo tiempo. No está en cuestión que se aman y que están comprometidos el uno con el otro. La química en este periodo de la relación podría ser irrelevante. Todos pasamos por cambios físicos mientras envejecemos y nuestra relación también; puede que no haya tanta lujuria como antes y está bien. La claridad en este punto es transparente. Saben exactamente cuál es el propósito de esta relación y conocen bien los valores y la personalidad del otro. El compromiso, como estoy segura que puedes adivinar, es estable y duradero.

Para hacer que una relación siga avanzando, necesitas ser capaz de alimentarla en varias áreas. La química que sienten el uno por el otro, la claridad que tienen sobre el propósito de su relación y el compromiso que tienes hacia tu pareja y tu relación, deben ser alimentadas con las cosas apropiadas para que mantengan una relación viva (ALIVE) y sigan enamorados.[36] Si privas tu relación de nutrientes vitales, va a marchitarse completamente. Piensa en ello como un vaso en el que tienes que verter agua continuamente. Si solo lo llenas hasta la mitad y te detienes, nunca alcanzará su máximo potencial.

Necesitan ser capaces de sentirse seguros entre ustedes, ser vulnerables, y expresar cómo se sienten sin miedo al rechazo o a las represalias. Necesitan confiar el uno en el otro, construir y alimentar la confianza en esa relación. Necesitan

---

[36] https://www.youtube.com/watch?v=zhPxa6zlVQc

mostrar su aprecio por el otro. Es tan importante mostrar gratitud y aprecio. ¿Cómo puedes alimentar la sensación de gratitud y aprecio en tu relación? Ambos necesitan mostrar respeto y respetarse. Simplemente sé amable y trata a tu pareja como te gustaría que te tratara. Reconoce la forma en que tu pareja contribuye a la relación y valora que tu vida es mejor porque está en ella. Necesitan animarse entre ustedes y darle al otro valor y confianza. Elegiste la relación en la que estás a propósito, deberías poder demostrar que estás dedicado y comprometido con tu pareja.

Si estás experimentando abuso verbal en una relación, hay esperanza para corregirlo. El tema del abuso verbal puede ir hacia ambos lados. Las mujeres pueden experimentar abuso verbal por parte de sus maridos y los hombres pueden experimentar abuso verbal por parte de sus esposas. Es desafortunado que este abuso ocurra, pero la realidad es que ocurre. Nadie merece recibir abuso, ya sea emocional, físico o verbal. ¡Punto! No debes tolerar el abuso de ningún tipo.

Mereces amabilidad, respeto y dignidad y esta es una expectativa completamente razonable.[37]

En esta sección vamos a hablar específicamente sobre cómo manejar el abuso verbal de tu marido. A menudo, el abuso verbal puede llevar al abuso físico. Solo porque está ocurriendo el abuso verbal, no significa que tu marido sea una mala persona, simplemente carece de las habilidades para comunicar de forma efectiva sus sentimientos. Si este es el caso, puedes ser la persona madura en la relación y enseñarle cómo comunicarse contigo. El abuso doméstico es un problema muy serio y causa un efecto dominó en otras áreas de nuestra vida y en nuestra comunidad.

Debido a la alta correlación de abuso verbal y físico y violencia doméstica, si alguno te está ocurriendo, la seguridad debe ser lo primero. No tengas miedo de defenderte y alza la voz si estás en una situación de abuso verbal. Si estás en una situación donde experimentas abuso físico y

---

[37] https://www.youtube.com/watch?v=oj45zPKNqzU

violencia doméstica, debes buscar ayuda externa inmediatamente y alejarte de la situación y del culpable. Distintas comunidades ofrecen recursos diferentes. Pero sin importar donde vivas, mereces respeto y mereces seguridad.

Cuando se trata de abuso verbal, la persona culpable ataca a la "víctima". Esto significa que te está golpeando donde sabe que te va a doler y lo está haciendo a propósito. Quizá sabe que eres sensible respecto a tu peso e intencionalmente hará comentarios sarcásticos e hirientes sobre ello para reducir tu autoestima. Hay tres pasos que tener en cuenta para manejar estas situaciones cuando alguien te esté atacando: identifica, verifica y acepta.

Identifica el abuso. Aquí es donde puedes usar tus habilidades estelares de comunicación para identificar lo que está ocurriendo. Hay veces en que las personas son verbalmente abusivas y ni siquiera se dan cuenta de ello. Quizá fueron criados en un hogar donde el abuso verbal es la regla y no conocen algo mejor. Pueden no ser conscientes de que lo que están diciendo, puede considerarse abusivo, abrasivo o que te está molestando.

Cuando esto ocurra, no te olvides de utilizar "me" en tus aseveraciones.

"Me siento (así) cuando (esto) ocurre".

Vas a tener que quitarle la atención y centrarla en ti. Si vas hacia el otro diciéndole que está haciendo algo incorrecto, probablemente se pondrá a la defensiva y se aislará o arremeterá contra ti. Esto no va a mejorar la situación para nada e incluso podría empeorarla.

Mientras que la premisa del paso de identificación podría ser simple, probablemente no va a ser fácil. Es probable que esta persona haya estado utilizando el abuso verbal, ya sea intencional o inadvertidamente, por un largo tiempo y será difícil para el admitirlo y también para ti hablar de ello.

La verificación del abuso verbal conlleva mucho poder. Necesitas verificar si lo que dijo o hizo era lo que tenía la intención de hacer. Simplemente pregúntale si eso es lo que pretendía. Por ejemplo *"Me siento (así) cuando dices [esto], ¿es eso lo que querías?"*

La mayoría de las veces, cuando esto ocurre, la persona con la que estás hablando se va a echar para atrás. O bien intentará cubrirse el trasero si eso es lo que quiso decir, o expresará que eso no es lo que quiso decir. Podría también intentar voltearlo hacia ti y decir que eres demasiado sensible, o que lo que se dijo, de alguna manera, fue tu culpa.

Sin embargo, realmente no importa lo que responda. De cualquier manera, tú continúas al siguiente paso: la aceptación.

Acepta su respuesta, sin importar lo que sea. Aunque aceptes su respuesta, no vas a aceptar ser abusado verbalmente de forma continua. ¡Eso tiene que acabar! Lo único que necesitas es aceptar la respuesta, decir: *"está bien"*. Eso es todo. Mientras que tu tono probablemente variará dependiendo de la situación y la respuesta que recibiste, tu respuesta solo debe ser un *"está bien"*. No reacciones a su abuso verbal, la mayoría de las veces, si es intencional, eso es lo que el culpable quiere que hagas. Está intentando irritarte. ¡No lo dejes! Esta puede ser una herramienta psicológica muy poderosa, pues envía el mensaje a la otra persona de que no pueden faltarte al respeto y que si lo hacen vas a llamarle la atención. Incluso si no le dices eso directamente, es justo lo que estás comunicando.

Esto puede ocurrir muchas veces con maridos hacia sus esposas, pero la misma estrategia puede aplicarse en muchas situaciones. Esposas siendo abusivas verbalmente con sus maridos. Hijos adolescentes y adultos siendo irrespetuosos con sus padres. O un jefe siendo verbalmente abusivo con sus empleados. Si estás experimentando abuso verbal, intenta estos tres pasos y observa cómo puede cambiar la dinámica de la relación.

Ahora que sabes cómo detener el abuso verbal, ¿Cómo haces que tu cónyuge te preste atención? Generalmente hablando, los hombres son más distantes que las mujeres y las mujeres necesitan sentir que se les está prestando atención más que los hombres. Esta es una generalización de género muy abierta que no puede aplicarse a todas las parejas. En algunas parejas, la esposa es más distante y el marido necesita sentir que le prestan atención. O quizás ambos compañeros sienten que el otro no le está prestando la suficiente atención y necesitan encontrar maneras de conectarse para que sus exigencias de atención sean satisfechas. En cualquier situación, hay algunas cosas muy simples y sencillas que puedes hacer para lograr que tu pareja te preste más atención.

Incluso si piensas que podrías ser demasiado trabajo, hay algunas estrategias muy simples que puedes implementar para que tu cónyuge te preste más atención. Todo se reduce a enviar mensajes. Durante cinco días vas a enviarle cinco mensajes diferentes al día. Puede ser al hablar cara a cara con él, por correo electrónico, mediante un mensaje de texto o, incluso, una nota en su lonchera. Ponte creativo si quieres. Los cinco mensajes que vas a enviar diariamente son apreciación, conexión, elevación, amor y reconocimiento.

Necesitas dejar que tu cónyuge sepa que lo aprecias y que aprecias las cosas que hace por ti y por tu familia. Un simple *"gracias"* por hacer algo en la casa es una gran forma de mostrar apreciación. Ahora, si tu matrimonio en serio se está viniendo abajo, podrías pensar que no hay nada que aprecies de tu pareja. Detente y piensa en ello de nuevo. ¿Va al trabajo y ayuda a pagar las cuentas? Aunque no esté haciendo nada espectacular, como conseguirte un cambio de aceite mientras estas en el trabajo, seguramente hay al menos una cosa que esté haciendo por lo que puedas mostrarle aprecio.

El mensaje no tiene que ser nada grandioso ni exagerado. Un simple y sincero *"gracias por ir al trabajo hoy para que podamos costearnos el vivir en nuestro hogar"*, significará mucho para alguien, especialmente si su trabajo no es uno que disfrute en particular. Si tienes problemas con decir las cosas en persona, escribe una nota y déjala donde sea seguro que la verá. Intenta ser lo más específico que puedas cuando envíes tus mensajes de aprecio. No solo digas *"oh, yo te aprecio"*, déjale saber por qué. ¡Aunque creas que ya sabe que lo aprecias, dile!

No te centres en lo que tu pareja no está haciendo. Solo harás que se sienta criticado y empeorarás la situación. Cuando criticas o regañas a alguien, provocas que se retiren y acabas alejándolo. Cuando le muestras a alguien cariño, lo apreciará y comenzará a ponerte un poco más de atención.

Cuando ambos iniciaron su relación, compartieron algún tipo de conexión. Esta podría haber sido un pasatiempo, posturas políticas, películas que a ambos les encantan, muchas cosas distintas. Sin embargo, a lo largo del tiempo estas conexiones pueden desvanecerse. Ahora es momento de revivir y reiterar esas conexiones. Comunícale a tu pareja algo que tengan en común, algo sobre lo que tengan una postura similar, algo en lo que concuerden.

Por ejemplo, si escuchas a tu cónyuge hablando de algo sobre lo que tiene fuertes sentimientos, y concuerdas con él sobre ello, déjale saber que concuerdas con él. No estás diciendo directamente *"este es mi mensaje de conexión hacia ti"*, pero estás enviándole ese mensaje cuando concuerdas con él en algo. O quizá encontraste algo nuevo que a él le gusta y a ti también, déjale saber eso.

La elevación se refiere a realzar el ánimo. Realmente es muy molesto cuando alguien está siendo negativo todo el tiempo. A menudo puede empeorar el ánimo de otras personas cuando alguien que les importa está siendo negativo y está de mal humor muy seguido. Si tu cónyuge sufre de ser un pesimista, intenta elevar su ánimo siendo elevado tú mismo. Justo como la negatividad puede ser contagiosa, también la positividad puede serlo. Sonríe, usa el buen humor, señálale cosas graciosas o humorísticas a tu pareja. Incluso puedes compartirle videos graciosos que encuentres en las redes sociales.

Antes hablamos del amor como un acto de decisión, antes que como un sentimiento, y que está en un mismo espectro con el odio. Tienes que realizar la decisión cada día de aparecerte y actuar de manera amorosa. No hay medios tintes, no hay indiferencia, solo está actuar con amor o actuar con odio. El amor también es compasión, empatía, respeto y cariño hacia el otro.

El mensaje de amor puede ser uno directo, donde estás diciéndole específicamente *"te amo"* a tu pareja, o puede ser indirecto. Un mensaje indirecto es una interacción amorosa intencional entre ambos.

El reconocimiento a menudo puede confundirse con el aprecio. En muchas situaciones puedes matar dos pájaros de un tiro al reconocer y mostrar aprecio a tu pareja en un mensaje. En general, los maridos quieren sentirse valorados e importantes. Sus esposas necesitan dejarles saber que están haciendo un buen trabajo. El mensaje de reconocimiento que deberías enviarle a tu pareja es que tu vida es mejor porque está en ella.

Estos son los cinco mensajes que deberás enviarle a tu pareja durante cinco días. Haz esto y es probable que tu pareja te ponga mucha más atención de una manera más positiva.

Si eres un hombre, estoy segura de que has dicho esto o lo has escuchado de tus amigos hombres en una relación: *"¡Mi mujer me está volviendo loco!"*

Si eres una mujer, lo mismo aplica. O bien has dicho esto sobre tu hombre o tus amigas lo han dicho sobre los suyos. Justo como aprendimos antes en este libro, los hombres y las mujeres pueden decir lo mismo, pero los significados son completamente distintos.

En general, cuando un hombre dice *"mi mujer me está volviendo loco"*, eso se traduce a *"¡simplemente no puedo complacerla/hacer nada bien!" "Se la pasa diciéndome que haga esto y esto..."* Hay muchas cosas que podría significar, pero un hombre dice eso cuando no parece ser capaz de cumplir las expectativas de su pareja.

Cuando una mujer dice: *"mi hombre me está volviendo loca"*, eso se traduce a algo como: *"no está escuchando nada de lo que le digo"*, *"no está haciendo nada de lo que le pido"*, y así podemos seguir.

Cuando tu cónyuge te esté volviendo loco, hay varios pasos que puedes seguir para lograr superarlo.[38]

Si te sientes molesto y que tu pareja te está volviendo loco, respira. Tómate un tiempo para inhalar por la boca y exhalar por la nariz. Intenta contar cuántas veces respiras. Tu cuenta al exhalar debería ser del doble que tu cuenta al inhalar. Sé que respirar puede sonar muy simple, pero es una habilidad. Si no estás acostumbrado, podrías sentirte mareado al principio, no te preocupes, eso solo significa que tu cerebro está

---

[38] https://www.youtube.com/watch?v=zU9MDKzFAMc

obteniendo más oxígeno del que está acostumbrado.

Respirar ayuda a calmar tanto tu mente como tu cuerpo. Cuando respiras, estás consiguiendo más oxígeno para tu cuerpo y estás concentrado en respirar, así que tu mente no está ocupada en un millón de cosas. Cuando te exaltas, tu cuerpo entra en modo de pelear o huir. Tu respuesta fisiológica se activa y tu cerebro y cuerpo piensan que hay una amenaza, incluso cuando en realidad no la hay. Recuerda, tu cerebro y tu cuerpo no pueden ver la diferencia entre una amenaza real y la sensación de amenaza.

La ciencia ha mostrado que cuando tus respuestas pelear o huir se activan, hay menos flujo de sangre en la corteza prefrontal, que es la parte de tu cerebro responsable de la toma de decisiones, la resolución de problemas y el pensamiento racional. Cuando respiras estás deteniendo esas respuestas, estás obteniendo un mayor flujo de sangre en el cerebro y eres capaz de resolver problemas y pensar lógicamente.

Cuando tu pareja te está volviendo loco, no es tu trabajo entender sus acciones inmediatamente, sino amarla. Si desde un inicio la entendieras, no te estarías volviendo loco, ¿o sí? Cada uno ve las cosas de diferente manera, deberías entenderlo y no centrarte en saber que tienes la razón (si ese es el caso). Mejor sigan adelante y elijan amarse el uno al otro.

Hay muchas cosas diferentes que puedes hacer para comprender a tu pareja. Lo grandioso es que, una vez que se entiendan, ambos se sentirán menos molestos e irritados entre sí. Lo que tu cónyuge está haciendo podría no tener sentido para ti, pero tiene sentido para él. Debes buscar comprender a tu pareja y, entonces, buscar ser comprendido. Cuando buscas comprender a tu cónyuge, tienes que escucharlo. De hecho, escúchalo, no solo te sientes allí como si estuvieras escuchando y, mientras habla, intentes pensar en una respuesta a lo que sea que está diciendo. No tienes que concordar con él, solo tienes que entender lo que dice. Puedes hacerlo fácilmente al repetirle lo que dijo con tus propias palabras.

Resumen del capítulo

No importa cuánto tiempo hayas estado casado, en algún momento tu matrimonio va a sentirse estancado. Aquí hay cinco factores clave para mantener a tu matrimonio ¡VIVO! (ALIVE)

- A es por la actitud. Tu actitud es la postura que tomas hacia lo que ocurrió y cómo lo manejas.

- L es por amor (*love* en inglés). Haz la elección de amar a tu pareja.

- I es por inspiración. Inspira y eleva a tu pareja con tus pensamientos, energía, tacto y lenguaje.

- V es por virtud. Cuando se trata de elegir entre lo que es fácil y lo que es correcto, elige lo que es correcto.

- E es por energía. Vibra con energía positiva.

Dentro de toda relación romántica existen diferentes niveles de madurez, que se clasifican por química, claridad y compromiso. La química se refiere a la pasión y la lujuria; la claridad se centra en la intimidad, los valores y la personalidad; y el compromiso es la habilidad de atravesar tiempos difíciles y permanecer juntos.

- Nivel de madurez 1: **anhelo**. Este es alto en química y bajo en claridad y compromiso.

- Nivel de madurez 2: **ganarse el amor**. Este es más bajo en química, más alto en claridad, pero el compromiso puede ser cuestionable.

- Nivel de madurez 3: **perdurar**. La química es irrelevante, la claridad está bien definida, y el compromiso es estable y duradero

Cuando el abuso verbal ocurre en una relación, hay tres cosas que puedes hacer para manejarlo.

- Identifica el abuso utilizando "me" en tus aseveraciones.
- Verifica si el abuso fue intencional.
- Acepta la respuesta, sin importar lo que sea.

Incluso si piensas que puede llevarte mucho tiempo, hay algunas estrategias sencillas que puedes implementar para hacer que tu cónyuge te preste más atención. Durante cinco días envía cinco mensajes de aprecio, conexión, elevación, amor y reconocimiento.[39]

Al igual que al intentar comunicarte a través del conflicto y la emoción, hay varias cosas que puedes hacer cuando tu cónyuge te está volviendo loco.

- Respira.
- Ama primero y entiende después.

En el próximo capítulo cubriremos cómo destruir tu matrimonio exitosamente y cómo rescatarlo cuando está al borde del divorcio.

---

[39] https://www.youtube.com/watch?v=I7GEg4ZaSDs

Capítulo cinco: 10 maneras de destruir con éxito un matrimonio (y cómo recuperarlo al borde del divorcio)

Hay muchas maneras de destruir un matrimonio, todo se reduce a una falta de comunicación. No ves parejas que tienen excelentes habilidades de comunicación divorciándose, ¿o sí? ¡Por supuesto que no! Son capaces de superar cualquier problema que tengan y reparar, reconstruir y fortalecer su relación. Habiendo dicho eso, vamos a contar las diez cosas que pueden destruir un matrimonio (que se conectan directamente con la mala comunicación).[40]

---

[40] https://www.youtube.com/watch?v=5L_Ir-yyO8w

Una insensibilidad a las peticiones y preferencias de tu cónyuge

Puede ser con cosas grandes o pequeñas. Desde dejar arriba el asiento del inodoro hasta fumar. Estas peticiones y preferencias son importantes para tu cónyuge por una u otra razón, debes prestarles atención.

Eliminar toda la diversión

Si no has experimentado esto con tu pareja, estoy segura de que lo has experimentado con alguien en tu vida. No importa la situación, hay personas que le quitan la diversión a cualquier situación y siempre están demasiado serias. Podrías incluso ser tú el de tu relación. ¿Te concentras demasiado en las cosas que debes o tienes que hacer y te olvidas de divertirte? ¡Anímate un poco, diviértete!

Pereza simple y llana

Todos podemos ser perezosos de vez en cuando. Quizá ha sido una semana realmente dura y solo quieres relajarte un poco, pero tu cónyuge cree que estas siendo perezoso. O quizás tu cónyuge simplemente no está dispuesto a hacer su parte en el matrimonio, en la casa o con los niños. Sentir que eres el único que hace las cosas puede matar rápidamente una relación. Esto también aplica para una falta de aprecio. La pereza a veces conlleva una falta de entendimiento del esfuerzo que la otra persona está invirtiendo diariamente.[41]

Ser mezquino

La mezquindad puede ser una gran destructora de relaciones. Estoy seguro de que has escuchado el viejo dicho: atrapas más moscas con miel que con vinagre. Esto es muy cierto en una relación. No vas a hacer amigos cuando estés siendo mezquino, y no vas a poder comunicarte con tu cónyuge tampoco.

Elegir acciones de odio

Hemos repasado este concepto varias veces en el libro. El amor es una elección, el odio es una elección. Podrías pensar inicialmente que el amor y el odio son sentimientos, pero en realidad son elecciones. Puedes elegir actuar con amor o con

---

[41] https://www.youtube.com/watch?v=ZhoHylcdvoE

odio. Elegir el odio puede destruir un matrimonio más rápido que cualquier otra cosa. Hay tres pasos para elegir el odio y destruir un matrimonio:

1. Asumir lo peor de esa persona. Podrías no saber cuáles son sus intenciones, pero para elegir el odio, tienes que centrarte en todo lo que te parezca mal.

2. Practicar la soberbia. Sabes que estás en lo correcto sin importar qué. ¡Mantén tu posición y clávate en tu lugar, no cedas!

3. Pensar en formas de tomar represalias. Aquí es donde las cosas pueden ponerse interesantes. Piensa en maneras de herir a tu pareja, castigarla y destruirla.

Aquí es donde tomas tu pala emocional y excavas en el pasado. Utiliza cada oportunidad que puedas para lanzarle algo que hizo en su cara y usar esto para disminuir su relación. Igual que al elegir el odio, hay cuatro pasos para formar y mantener un rencor:

1. Fuiste lastimado. Hay algún nivel de daño implicado en todas las relaciones.

2. Sobre-personalizas la ofensa.

3. Culpas a algo o alguien más por cómo te sientes.

4. Creas y relatas una historia de víctima sobre cómo fuiste lastimado. Esto podría incluso involucrar el esparcir rumores en las redes sociales y regocijarte con tu lastimosa situación.

Siempre estar en lo correcto

Esto no es pensar que estás en lo correcto, sino saber que estás en lo correcto, lo que a menudo lleva a que la pareja se trate de una manera terrible. Esto puede ponerte en una relación complicada con tu cónyuge. Se ha demostrado que alrededor del 70% de los problemas en las relaciones son irresolubles. Esto no solo es verdad para parejas que ya están en problemas, sino también para parejas que tienen una gran relación. Cuando piensas que tu cónyuge es el problema, ese es realmente el problema. Si tomas una postura negativa y siempre piensas que estás en lo correcto y tu cónyuge no, eso es lo que está causando el problema.

Usar pensamientos, comportamientos y lenguaje profano

Lo profano generalmente se refiere a maldecir, pero en esta situación también quiere decir tomar algo que debería ser sagrado y convertirlo en profano. Tanto en pensamientos como en comportamientos. Esto puede ser cualquier cosa, desde una adicción, un comportamiento criminal, maldecir (a tu cónyuge), la infidelidad, y así sucesivamente. Lo profano se refiere a todas las cosas que pueden disminuir la relación. También puede incluir una separación de la moral y los valores que deberían ser el fundamento del matrimonio.

Siempre tomar la postura negativa

Esto significa, por elección propia, tomar una postura negativa. Pensar que el matrimonio es malo crea un matrimonio malo. Realmente no importa cuán bueno o malo pienses que es tu matrimonio, siempre puede ser mejor. Es más probable que mejores tu matrimonio cuando no NECESITAS la mejoría. Sé que eso puede sonar un poco confuso. Es más probable que tu cónyuge trabaje contigo cuando tu sientes y muestras que el matrimonio es bueno, no cuando ya crees que es malo. Así que, si quieres destruir tu matrimonio, toma una postura negativa. Si quieres que tu matrimonio mejore, incluso si ya piensas que es bueno, toma una positiva.

Algo que debes notar es que el dolor no está "ahí afuera", está dentro de ti. Cuando te das cuenta de que puedes controlar el dolor que estás experimentando en el matrimonio, cambia la manera en que lo ves. La mayoría de las personas ven un matrimonio "malo", ven el dolor como algo dentro del matrimonio y no dentro de sí mismos. Esto podría hacerlos pensar que deben irse porque el dolor está dentro del matrimonio. El dolor es interno, si te vas, te seguirá a tus próximas relaciones.

Estamos programados con ciertas opiniones y valores sobre el matrimonio. Si tuviste padres que se mantuvieron casados y miserables o se divorciaron, es más probable que hagas lo que ellos hicieron. Mientras que muchos de nosotros no recordamos muy vívidamente los primeros diez años de nuestra vida, nuestro subconsciente lo recuerda todo. La manera en que tus padres actuaban juntos durante los primeros diez años de tu vida literalmente ha programado cómo serás en el matrimonio. Si hubo abuso emocional, amabilidad y compasión, todas esas cosas que experimentaste por parte de tus padres y la manera en que interactuaban en su matrimonio durante tus primeros diez años, se trasladan a tu vida adulta.

Cuando entras en esa modalidad de pelear o huir y tu lóbulo prefrontal se apaga, es probable que vayas a hacer las mismas cosas que tus padres hicieron en su matrimonio. Hasta que seas consciente de lo que está pasando y de las cosas que ocurrieron en tu pasado, no vas a poder controlar como reaccionas a ciertas situaciones. Si eres un hombre y tu padre tenía mal genio y estallaba al entrar en conflicto, es muy probable que hagas lo mismo. Si tus padres te criaron con muchos valores y amabilidad, es probable que respondas a situaciones de manera muy diferente que alguien cuyos padres no lo hicieron.

Cuando puedes darte cuenta de lo que estás haciendo subconscientemente, entonces puedes trabajar para cambiar esos comportamientos. Cuando los cónyuges aprenden a comunicarse entre sí, la magia ocurre en su relación. Se dan cuenta de que no son sus padres y pueden tomar decisiones para actuar o reaccionar de ciertas maneras.

Pero, ¿realmente puede salvarse un matrimonio al borde del divorcio?

Todo matrimonio tiene problemas. Las parejas que son miserables y las parejas que están altamente satisfechas con su matrimonio tienen el mismo porcentaje de cuestiones sin resolver. El problema no es que todos los matrimonios tengan problemas, el problema (o la solución en algunos casos) es cómo manejan las dificultades.

Hay cuatro cosas que hacen las parejas que los ponen en el lado miserable del matrimonio: criticar, actuar defensivamente, la actitud de desprecio y la negación a comunicarse. Las parejas que hacen esto en sus relaciones manejan sus problemas de una manera muy negativa y solo seguirán siendo miserables. Es un concepto muy simple, para cambiar la dinámica debes hacer más de lo que funciona y menos de lo que no.

Muchas veces asumimos que las cosas estarían mejor si el cónyuge cambiara e hiciera lo que le pides. ¿Qué tal si intentas hacer un pequeño experimento para ver si tras cinco días puedes crear cambios positivos en tu relación? Primero, asume el 95% de la responsabilidad de tu matrimonio. Intenta hacer esto por cinco días completos en vez de un escenario cincuenta-cincuenta, yo haré mi parte y tú has la tuya. Considerando que va a asumir el 95 por ciento de las responsabilidades, eso significa que tu cónyuge solo debería estar haciendo el cinco por ciento. ¡Seguramente ya está haciendo lo suficiente!

Esto probablemente se desarrolle de manera un poco diferente en tu mente. Podrías estar pensando que hay muchas cosas que tu cónyuge podría estar haciendo mejor, pero eso no le sirve a tu relación, ¡esa mentalidad y ese proceso de pensamiento no son útiles! Tan pronto empieces a identificar lo que tu cónyuge podría estar haciendo mejor, se lo va a tomar como una crítica. En vez de enfocarte en todas las cosas que tu pareja podría hacer mejor, ¿por qué no te enfocas en las cosas que tú podrías hacer mejor? Esto cambiará la dinámica de la relación y te darás cuenta de que hay muchas cosas en las que podrías estar trabajando en vez de señalar las cosas en las que tu cónyuge podría trabajar. Esta es una gran manera de salvar un matrimonio que se encuentre al borde de un divorcio.

¿Recuerdas cuando hablamos de cómo hacer que tu cónyuge te preste atención? Este es un gran momento para remitirse a eso. Si lo recuerdas, durante cinco días le envías a tu pareja cinco mensajes que incluyen apreciación, amor, conexión, elevación y reconocimiento. Si ya lo intentaste y te pareció útil, intenta otro que se centre en la gratitud. Durante cinco días escribe 25 cosas por las cuales estés agradecido. Pero hay una condición. La mitad de tus 25 cosas deben ser sobre tu pareja, y no puedes repetir ninguna de ellas. Si, este ejercicio podría tornarse algo difícil, pero al final tendrás 125 cosas en tu lista por las cuales estás agradecido, y alrededor de 63 serán sobre tu cónyuge. Ahora, si tu matrimonio está congelado, este ejercicio no va a ser fácil, pero será extremadamente útil. Recuerda, enfócate en tu matrimonio tal y como es ahora, no en cómo quieres que sea o en cómo fue.

Cuando tu matrimonio está al borde del divorcio, puede ser difícil poner el esfuerzo extra para tratar de mejorar. Pero si de verdad quieres que funcione, tienes que hacer las cosas de diferente manera. Dale a tu cónyuge "regalos" de apreciación, amor, conexión, elevación y reconocimiento a través de tus palabras y acciones. Envíale el mensaje de que valoras tu relación y estás dispuesto a trabajar por ella. Ve más allá para apoyarlo a él y a la relación. Decir que vas a trabajar no es suficiente. Si estuvieras divorciado, seguramente aún irías a trabajar, así que esa realmente no es la idea. Piensa en varias maneras en que puedes servirle a tu cónyuge, que le comuniquen que estás agradecido por él y que valoras la relación que comparten.

Hablamos de esto antes, el amor y el odio no son sentimientos, son acciones; esto quiere decir que siempre tendremos la elección de amar u odiar a alguien cuando interactuamos con él. Si no estás actuando del lado del amor, estás eligiendo acciones el lado del odio. Ahora bien, cuando alguien toma la decisión de odiarte, tú debes elegir amar. Si, esto suena extraño y difícil, pero escucha: el odio ocurre en una relación cuando hay una ofensa entre dos personas. Piensa en cómo inician las guerras, alguien ofendió a otra persona y esta respondió con odio. El odio conlleva odio y el amor conlleva amor. Cuando alguien toma la decisión de hacerte algo, ¿qué tipo de decisión vas a tomar? ¿Vas a dejar que sus decisiones de odio te lleven a odiar o vas a elegir el amor?

Ahora bien, cuando alguien dice o piensa que odia a su cónyuge, realmente no es eso. Hay otros factores subyacentes que le hacen pensar que odia a su cónyuge o que este lo odia.[42] El "odio" en una relación generalmente proviene de la debilidad humana o de una sensación de amenaza. Piénsalo. Si odias a tu cónyuge porque te engaño, eso tiene que ver con su debilidad y tu sentimiento de miedo y amenaza. Solo porque alguien actúa con odio no lo hace una persona mala o malvada. Ten esto en mente cuando alguien te diga que te odia o tú le digas a alguien que lo odias.

Si estás experimentando odio por parte de tu cónyuge, vuelve al ejercicio de gratitud que mencioné previamente. Durante cinco días escribe 25 cosas por las cuales estás agradecido, siendo la mitad sobre tu pareja o tu matrimonio, ¡sin repetir ninguna! Al final de esos cinco días, muéstrale tu lista. La gratitud intencional cambia tu mente y tu enfoque. Esta es tu oportunidad

---

[42] https://www.youtube.com/watch?v=YxOaY6MYvtU

para influenciar a tu cónyuge cuando esté actuando con odio. Mientras haces este ejercicio de gratitud, también asegúrate de que estás enviándole mensajes. Pueden ser mensajes obvios o sutiles, pero deben ser mensajes de que valoras la relación, de que tu vida es mejor por estar en ella, y envíale el mensaje de la apreciación específica.

Cuando comienzas a cambiar tu actitud, puede ser realmente increíble cómo alguien que te está tratando con odio cambia su tono. Quizá ni siquiera se da cuenta de que está actuando con odio. O quizá te ha hecho daño de alguna manera y está buscando tu perdón. En algún momento va a tener que disculparse por lastimarte, pero podría no saber cómo o por dónde empezar.

Realmente no es cuestión de si tu pareja te va a herir, sino cuándo. Todos somos humanos y todos cometemos errores. Todos estamos rotos de una u otra manera y esos pedazos los llevamos a nuestras relaciones y los usamos para herir a los que amamos. ¿Pero cómo podemos disculparnos cuando eso ocurre?[43]

Cuando necesitas disculparte con alguien por herirlo, necesitas ser sincero con tu disculpa. No solo te disculpes por obligación, hazlo porque quieres y porque lo dices en serio. También necesitas ser específico sobre aquello por lo que te estás disculpando. Solo decir que lo sientes no es suficiente. Debes decirle a tu pareja exactamente por qué te estás disculpando incluso si crees que ya lo sabe. Cuando te disculpas de manera sincera, eres específico y has aceptado lo que hiciste, la atención no debería estar en ti. Sí, sé que suena contra intuitivo. Centrarse en la persona que ha sido lastimada ayuda a validar sus sentimientos y le permite saber que te das cuenta de que tus acciones le han afectado negativamente.

Para salir de una situación, intenta evitar el "pero". Cuando te disculpes por tus acciones, no debería haber ningún "pero" en la oración. Sólo

---

[43] https://www.youtube.com/watch?v=0iNknc8Rtoc

sirve para justificar tus acciones e inventar excusas. Usar "pero" quita la atención a la persona que lastimaste y podrías, esencialmente, echarle la culpa. Debemos usar cada error cometido como una oportunidad para aprender. Si es apropiado, comparte lo que has aprendido de este error con tu cónyuge y cuál es tu compromiso para el futuro. Hacer esto cuando has cometido un error, ayudará a fortalecer la relación y a moverse hacia delante de manera positiva y saludable. Pero, ¿qué deberías hacer si las mentiras y la infidelidad se han colado en tu matrimonio?

Los principios determinan todos los resultados de la vida. ¿Qué significa esto realmente? Sin importar que tan mal o desastrosa creas que está tu relación, no hay nada que no se pueda resolver con la correcta aplicación de principios de relación apropiados. Aun si crees que tienes la peor relación que hay ahí fuera, tienes la habilidad de crear un cambio, incluso si eres el único en tu relación que está haciendo un esfuerzo. Hay nueve principios nucleares que pueden aplicarse a cualquier relación para ayudar a salvarla incluso de las peores mentiras e infidelidades.

Toma una postura positiva. Tu mentalidad es increíblemente poderosa y puede determinar muchos de los resultados de tu matrimonio y de cualquier relación que haya en tu vida. Toma una postura de positividad incluso si tu relación está en el desagüe. Aun si tu cónyuge es un don negativo, piensa en tu relación, tal y como es actualmente, bajo una luz positiva.

Reconéctate con tus valores. En algún momento en su relación, compartieron los mismos valores, de otra manera nunca se habrían juntado. ¿Por qué están el uno con el otro, o cómo se juntaron por primera vez? ¿Cuál es el propósito de su relación? Todo esto aprovecha los valores que comparten. Algunas veces la vida se pone de por medio y olvidamos por qué comenzamos esa relación en primer lugar. Intenta renovar tus valores o enfócate en los valores que alguna vez compartieron.

Ten humildad. No importa si crees que tienes la razón, necesitas tener la voluntad y la apertura para cambiar. ¡Tantas veces las discusiones ocurren porque los cónyuges no tienen la voluntad de ceder y SABEN que tienen la razón! En vez de centrarse en quién tiene la razón, deberías centrarte en lo que es correcto.

De nuevo, todos somos humanos y todos cometemos errores, algunos más grandes o pequeños que otros. El perdón es el regalo que podemos darnos a nosotros mismos y a nuestros cónyuges para que podamos seguir con la relación y crear algo mejor el uno con el otro. ¡Dejen de excavar cosas del pasado y echárselas en cara, no les hace ningún bien!

El respeto no tiene nada que ver con tu pareja y todo que ver contigo. El respeto es sobre tu integridad, tu personalidad y tu carácter. Incluso si no estás recibiendo respeto, aún deberías darlo.

Toma la decisión de amar y no odiar.

Para tener compasión necesitas ser empático y poder ponerte en los zapatos de tu pareja. Se trata de la amabilidad y el cariño por la otra persona.

La elevación lleva esfuerzo. Tendrás que esforzarte para poder levantar tu relación. Si no pones esfuerzo, la relación decaerá. No puedes dejar de servir cuando el vaso esté medio lleno y esperar que se termine de llenar por sí solo. Entre más dañada esté tu relación, más trabajo costará elevarla al punto en el que la quieres tener.[44]

Mientras que reparar y reconstruir una relación despúes de mentiras e infidelidad es mucho trabajo, también deberían ser capaces de divertirse juntos. ¿Cuál es el punto de hacer todo este esfuerzo si no pueden divertirse un poco en el camino?

Estos principios son muy poderosos al momento de crear un masivo cambio positivo en una

---

[44] https://www.youtube.com/watch?v=dL_42-K3TM4

relación. Pero ten cuidado, no intentes enseñárselos a otros que crees que podrían necesitarlos, ni siquiera a tu cónyuge. Al igual que cuando criticas a tu pareja, darle consejos sobre relaciones a quien no los ha pedido va a resultar mal. Toma tu 95% y haz tu parte para crear un cambio en tu relación. Tu cónyuge cambiará cuando esté listo y tu estarás allí para darle estos recursos y comunicarte de manera efectiva con él.

Resumen del capítulo

Hay muchas cosas que la gente hace que pueden destruir una relación, pero el problema principal es una falta de comunicación efectiva. Aquí están las diez cosas principales que puedes hacer para destruir tu matrimonio:

- Ser insensible ante las peticiones y preferencias del cónyuge.
- Quitarle lo divertido a todo.
- Pereza.

- Ser mezquino.
- Elegir el odio.
  - Asumir lo peor de la persona.
  - Practicar la soberbia.
  - Pensar en maneras de ponerse a mano.
- Actuar de manera irrespetuosa.
- Crear y conservar resentimientos.
- Deber tener siempre la razón.
- Usar pensamientos, comportamiento y lenguaje profano.
- Siempre tomar una posición de negatividad

Una cosa que debes notar cuando se trata del dolor en tu matrimonio, es que es interno. El dolor que estás experimentando no está "ahí afuera," está dentro de ti. Tú estás programado para actuar y reaccionar de cierta manera, basado en tu crianza y en cómo tus padres manejaban el conflicto en su matrimonio.

El 70% de los problemas en un matrimonio son irresolubles. Esto es verdad tanto para los matrimonios felices como para los miserables. Hay cuatro cosas, sin embargo, que mantienen a las parejas miserables:

1. Criticar.
2. Actuar a la defensiva.
3. Actitud de desprecio.
4. Negación a comunicarse.

Hay un truco para cambiar la dinámica en una relación, hacer más de lo que funciona y menos de lo que no. Aquí hay un pequeño experimento que puedes hacer a lo largo de cinco días para intentar crear algo de cambio positivo en tu relación:

- Asume el 95% de la responsabilidad de tu matrimonio.

- Escribe 25 cosas por las que estés agradecido, la mitad deben ser sobre tu cónyuge/matrimonio y no puedes repetir ninguna.

Si tu cónyuge expresa que te odia, eso en realidad no es preciso. Generalmente, cuando alguien expresa odio, esto viene de sentirse débil o amenazado.

En algún punto de tu matrimonio, uno de ustedes va a lastimar al otro. Cuando te disculpes por ello, deja el "pero" fuera. Sé sincero en tu disculpa y usa estos nueve principios para salvar tu relación incluso de las peores mentiras e infidelidades:

1. Toma una perspectiva positiva.
2. Reconéctate con tus valores.
3. Ten humildad y la voluntad y apertura para cambiar.
4. Da el regalo del perdón.
5. Muestra respeto, incluso si piensas que la otra persona no lo merece.
6. Haz la elección de amar y no odiar.
7. Sé compasivo.
8. Disponte a hacer el esfuerzo.
9. Diviértanse y disfruten la compañía del otro.

Aquí hay un último consejo, cuando se trata de crear un masivo cambio positivo en tu relación: no intentes forzar a tu cónyuge a cambiar. Cuando esté listo cambiará por su cuenta o te pedirá ayuda.

En el próximo capítulo cubriré el plan de acción de nueve pasos para una comunicación positiva en el matrimonio.

Capítulo seis: Plan de acción para la comunicación positiva en el matrimonio

¿No sería genial si alguien pudiera darte un esquema sobre cómo hacer que tu matrimonio funcione mejor? Bueno, estás de suerte, aquí he delineado nueve pasos clave que se centran en cómo hacer que tu matrimonio funcione.

Hablamos sobre estos nueve principios brevemente en el capítulo anterior, pero quería profundizar mucho más en ellos y darte algunas estrategias de vida real para hacer que estos principios funcionen en tu matrimonio. Ahora bien, lo grandioso de estos principios es que funcionaran el 100% de las veces y en cualquier situación. Lo sé, suena difícil considerando que los problemas matrimoniales pueden variar drásticamente. ¡Pero es verdad! ¡Si te esfuerzas y aplicas estos principios a tu matrimonio, funcionarán!

No, no importa si piensas que tienes un gran matrimonio (aunque apuesto que si pensaras esto no estarías leyendo este libro...) o que tu matrimonio va en picada. Es una estadística alarmante, pero alrededor del 70% de los problemas que se dan en un matrimonio son irresolubles. Podrías pensar, *"¿¡bueno, entonces para qué diablos intentarlo?!"* Con problemas aquí nos referimos a conflictos. Esto ocurre porque cuando unes a dos personas, el conflicto va a ocurrir en algún punto debido a sus diferencias. Esto no hace que sus diferencias sean malas, muchas veces es lo que une a las parejas. Para que la relación se desarrolle, debemos de tener diferencias.

Estas cuestiones sin resolver están presentes tanto en los matrimonios miserables como en los matrimonios felices. Hay cuatro señales reveladoras que nos dicen si un matrimonio sigue encaminado al divorcio o si será capaz de voltear las cosas. Si hay muchas críticas (percibidas o intencionadas), actitudes defensivas, actitudes de desprecio o negación a comunicarse. Si las parejas usan habitualmente estas tácticas para resolver sus problemas y no están dispuestas a cambiar su comportamiento, probablemente terminarán separándose y con un divorcio.

Estas tácticas no parecen funcionar en una relación y solo causan más daño. Aquí está una idea fascinante, ¿qué tal si hicieras menos de lo que no funciona y más de lo que sí? No hay problema que no pueda ser resuelto con la aplicación de estos nueve principios.[45]

1. **Sé positivo**

Sí, entiendo que ser positivo puede ser muy difícil cuando sientes que tu matrimonio se viene abajo. Ser positivo se trata de cómo eliges ver tu vida y la energía con la que la abordas. Piensa en esto por un minuto, mientras que hay muchas parejas que tienen una relación mejor que la tuya, también hay muchas parejas que tienen una relación mucho peor. Puede ser fácil comparar tu situación con la de otros, ¡no lo hagas!

Ser positivo también trata de ser agradecido.

Tip Rápido: Comienza un diario de gratitud. Piensa sobre las cualidades positivas de tu relación y de tu cónyuge y regístralas en tu diario de gratitud. Si apenas estás comenzando, escribe una cosa cada día sobre tu cónyuge o tu

---

[45] https://www.youtube.com/watch?v=ehn94cIFh1w

matrimonio por la cual estés agradecido, cosas actuales. No intentes sacar a colación cosas que solían ser buenas o lo grandiosas que pueden ser en el futuro, sé agradecido por lo que tienes ahora. Ejemplo: *"Estoy agradecida porque mi esposo preparó la cena esta noche mientras yo llevaba a nuestra hija a un baile"*. ¡Sé específico sobre aquello por lo cual estás agradecido!

2. Valores compartidos

En algún punto, ustedes compartieron valores, cosas que son importantes para ambos, es en parte por lo que iniciaron su relación. Muchas veces, cuando un individuo en una relación está buscando canalizar sus valores, se volverá hacia su fe, la meditación o la oración para centrar su propósito y reaprender esos valores.

Tip Rápido: Agrega esto a tu diario: ¿Cuáles son tus valores? ¿Cuáles son los valores que compartían cuando iniciaron su relación? Piensa en algunas maneras en que puedan trabajar sobre esos valores juntos.

3. Ser humilde

Cuando tienes humildad no eres soberbio, tienes una visión modesta de tu auto importancia. Cuando te hace falta humildad y te aferras a tu orgullo, tiendes a tratar a otros de mala manera porque tu soberbia es primero. Así que ahora es el momento de dejar atrás tu necesidad de estar en lo correcto siempre y empezar a conectarte con tu cónyuge. También debes tener la voluntad de cambiar comportamientos que estén causando daño a tu relación.

4. Perdonar

Hay mucho que tiene que ver con el perdón. Debes tener la voluntad de dejar que los demás cambien y dejar atrás tu anhelo de un pasado mejor. Piénsalo. No puedes cambiar el pasado, no puedes cambiar lo que tu cónyuge hizo o dejó de hacer, solo puedes esforzarte en el presente para mejorar el futuro.

Sacar continuamente a colación cosas que ya pasaron, solo seguirá causándole daño a tu relación. El perdón es una calle de doble sentido. Tienes que perdonar a tu cónyuge por lo que sea que te hizo y tienes que perdonarte a ti mismo. Podría ser por un error que hayas cometido o por haber sido una "víctima". Muchas veces, cuando un cónyuge hace algo, podemos culparnos a nosotros mismos, porque creemos que nuestras faltas lo llevaron a cometer ese error. Así que debes perdonarte a ti mismo también. Está permitido que tengas sentimientos, pero no debes detenerte en ellos ni hacerte la vida difícil.

5. Respetar

Debes respetar a todos, incluso si piensas que no lo merecen. El respeto no es sobre la otra persona, es sobre ti. Mostrarle respeto a una persona, incluso cuando no lo merece, dice mucho más sobre tu carácter que sobre el suyo. Aun cuando sea difícil, aun cuando pienses que no lo merecen, e incluso cuando ellos piensen que no lo merecen, ¡dáselos! Sé una persona respetuosa sin importar que.

6. Elige el amor

He hablado mucho de esto en el libro, la elección del amor o el odio. Piensa en el amor y el odio como una línea, amor de un lado, odio del otro. En el medio no hay nada, no hay espacio neutral, solo un punto de inflexión entre los dos. Con cada palabra, con cada acción, realizas una decisión entre odiar o amar. Engañar a tu cónyuge es una terrible decisión. E incluso si piensas que lo amas, tus acciones fueron de odio. Darle a tu cónyuge un beso antes de dormir, esa es una elección de amor. Elegir el amor es crucial para un matrimonio exitoso. Cuando eliges el odio en vez del amor, rápidamente te precipitas al desastre.

7. Compasión

La compasión es otra decisión, es ser amable y cariñoso. Mientras que podría ser una elección de amor preparar la cena para tu cónyuge, es una elección compasiva conseguirle su vino favorito para la cena porque sabe que ha tenido un día duro. ¿Puedes ver cómo practicar la compasión puede hacer un enorme impacto positivo en el matrimonio?

8. Hacer el esfuerzo

Puedes leer este libro y escoger una de dos cosas, decir *"oh, ese fue un buen libro con algo de información útil"* y luego nunca USAR esa información. O, puedes tomar los principios delineados en este libro y aplicarlos a tu matrimonio. Arreglar un matrimonio lleva esfuerzo. Ya sea que tengas mucho o poco trabajo que hacer, el matrimonio no es un destino, es un viaje. No puedes pararte a la mitad de tu viaje solo porque se pone algo difícil, tienes que seguir avanzando y ponerle esfuerzo para que las cosas mejoren continuamente.

9. La buena y típica "diversión"

Deberías divertirte en tu vida y en tu matrimonio. Encuentra cosas que a ambos les guste hacer juntos, tengan una cita nocturna, vayan a pasear, visiten un lugar nuevo, solo diviértanse juntos. ¿Cuál es el punto de pasar el resto de tu vida con alguien si no te estás divirtiendo?

Esto puede sonar a mucho trabajo y lo es. No es probable que tu matrimonio se cayera a pedazos de la noche a la mañana, tampoco lo vas a arreglar de la noche a la mañana. Puede ser bastante sobrecogedor, para alguien que ha estado en un matrimonio frustrante por un largo tiempo, súbitamente accionar un interruptor y cambiar su comportamiento. Enfócate en una o dos cosas a la vez y trabaja a partir de eso. Pero aquí está el verdadero truco... no obligues a tu cónyuge a hacerlo. Cuando llegas con alguien y le dices que necesita hacer algo, es probable que te encuentres con retraimiento y escepticismo. Aun cuando puedes darle una copia de este libro y hacerle saber que estás trabajando para cambiar las cosas, también puedes simplemente seguir con tu vida, hacer los cambios y ver qué pasa. Es muy probable que tu cónyuge note un cambio y comience a ser recíproco con tu comportamiento.

Resumen del capítulo

Voy a hacer una afirmación atrevida: usa los nueve principios enlistados debajo en tu matrimonio y funcionarán el 100% de las veces y en toda situación para crear una comunicación positiva.

- ¡Se positivo!
- Enfócate en los valores compartidos.
- Ten humildad.
- Perdona.
- Respeta.
- Elige el amor.
- Ten compasión.
- ¡Haz el esfuerzo!
- Diviértanse juntos.

No intentes forzar el cambio en tu relación. Da tu mejor esfuerzo para hacer los cambios que puedas y probablemente tu pareja seguirá tu ejemplo.

Palabras finales

Estoy segura de que no es una sorpresa el esfuerzo que hay que hacer en un matrimonio. Hay una curva de aprendizaje bastante grande cuando se trata de vivir y aprender a comunicarse con otra persona. Cuando hay una ruptura en la comunicación, puede haber una ruptura en la relación que, desafortunadamente, suele acabar en divorcio. Es inevitable que las parejas discutan, pues el 70% de todos los problemas en un matrimonio son irresolubles. Sin embargo, con una caja de herramientas de comunicación completamente abastecida, las discusiones pueden resolverse rápidamente y tu matrimonio puede prosperar.

Llegado a este punto, debes entender que los hombres y las mujeres se comunican de manera diferente y que no hay nada de malo con eso. El problema viene de una falta de entendimiento. Los hombres y las mujeres podrían decir exactamente lo mismo, pero con significados completamente distintos.

Algunos de los puntos clave que cubrimos en el libro, y que espero que practiques y añadas a tu caja de herramientas de la comunicación, son:

❖ Darse cuenta de las diferencias entre los estilos comunicativos de hombres y mujeres. Los hombres son lógicos y van 'al grano', mientras que las mujeres pueden resolver sus propios problemas solo con hablar en voz alta sobre ellos.

Aprender a comunicarte efectivamente con tu cónyuge puede cambiar completamente el juego en tu matrimonio. Una de las cosas más simples para comenzar es repetirle a tu pareja lo que le escuchaste decir en tus propias palabras.

Mientras que tu cónyuge dice esto:

"¡Nunca sacas la basura, siempre tengo que recordártelo!"

Puedes responder con esto:

"Lo que te escuché decir es que estás enojado porque olvidé sacar la basura de nuevo y te frustras cuando tienes que recordármelo continuamente. ¿Es esto correcto?"

Puedes incluso llevarlo un paso más allá y preguntarle a tu cónyuge lo que necesitas hacer para arreglar la cuestión y cómo evitar que se vuelva un problema recurrente.

"¿En qué clase de solución podemos pensar para que yo no me olvide y tú no tengas que recordarme continuamente que saque la basura?"

Tip Rápido: ¡Establecer recordatorios en tu teléfono o cualquier otro dispositivo inteligente puede ayudarte!

❖ Para cada mensaje hay un emisor y un receptor. El emisor envía el mensaje A, pero primero debe ser codificado, pasar por un ruido mental o físico, y ser decodificado por el receptor. Esto a menudo puede resultar en que el mensaje A sea recibido como un mensaje B.

❖ Puedes fomentar la comunicación escuchando, intentando comprender, enfocándote en tu interlocutor, manteniendo un contacto visual apropiado y sonriendo, ¡siendo positivo y diciendo que sí!

❖ Aprender a agudizar tu lenguaje corporal puede ayudar a incrementar tu simpatía. Aprender a comprender el lenguaje corporal de los demás logrará romper barreras y descifrar lo que alguien en realidad intenta decir.

❖ El amor y el respeto son dos emociones de las que nunca podemos tener suficiente. El amor es para aquellos cercanos a ti, el respeto es para todos, incluso si no crees que lo merecen.

❖ Para ser un mejor comunicador, primero necesitas aprender a escuchar mejor. Un oyente efectivo oye lo que la persona está diciendo, comprende el lenguaje corporal y el tono de voz, y decodifica correctamente el mensaje.

❖ Cuando intentas comunicarle a tu pareja cómo te sientes, usa "me" en tus aseveraciones para no culpar al otro.

Aunque los conceptos y principios en este libro son sencillos, el esfuerzo que tienes que hacer para implementarlos no lo es. Para comunicarte efectivamente con tu cónyuge y mejorar tu matrimonio, tienes que abastecer tu caja de herramientas de comunicación y estar bien versado en cómo usar esas herramientas. Tu caja de herramientas puede ayudarte a resolver conflictos, comunicarte a través de emociones difíciles, escuchar efectivamente, cultivar la confianza, e incluso sobrevivir a mentiras e infidelidades en tu matrimonio.

Cuando las cosas se comiencen a calentar, puedes trabajar para controlar tu respuesta fisiológica de luchar, huir o congelarte, con unos cuantos trucos simples:

- Controla tu respiración.

- Repite un mantra.

- Concéntrate en tu lenguaje y movimiento corporal.

- Date algo de espacio físico.

- Usa "me" cuando hables de cómo te sientes.

La comunicación efectiva no solo atañe a las palabras que salen de tu boca. También incluye entender cómo usar tu lenguaje corporal, cómo leer el lenguaje corporal de otras personas y entender cómo tus relaciones pasadas y la manera en que tus padres manejaron su matrimonio, juegan un papel.

Cultivar y construir confianza en tu relación es muy importante, pues es un componente clave para una relación larga y saludable. Siempre deben ser transparentes el uno con el otro, hablar juntos sobre sus metas en común, ser capaces de darse su espacio, compartir sus valores y promover un ambiente seguro en su matrimonio. Cuando la confianza se ha roto, arreglarla se vuelve una calle de doble sentido, ambos deben comprometerse para lograr repararla y reconstruirla. Pero, ¿qué hay de mantener un matrimonio vivo y saludable?

Hay cinco componentes principales para mantener a un matrimonio vivo: tener una actitud positiva, elegir acciones amorosas, inspirarse a elevar su relación, ser virtuosos al elegir la opción correcta sobre la opción fácil, y vibrar con energía positiva y constructiva.

Hay muchas maneras de destruir un matrimonio también, como quitarle la diversión a todo y ser perezoso. NO hagas estas cosas si quieres que tu matrimonio sea exitoso y prospere. ¡Tienes que estar dispuesto a trabajar por el!

Si hay una cosa que quiero que rescates de este libro, debería ser esto: entiende que los hombres y las mujeres se comunican de manera distinta y que cada uno de ustedes carga con su propio equipaje. **Busca entender a tu pareja y practica la paciencia.** Va a tomar un tiempo agarrarle el truco a ser capaz de comunicarte efectivamente y mucha prueba y error. ¡No se rindan con su relación!

Con las herramientas y el conocimiento adecuados, cualquier matrimonio puede ser rescatado y los cónyuges pueden aprender a comunicarse efectivamente entre sí. Cubrimos mucho terreno con este libro y verdaderamente espero que termines de leerlo con una nueva sensación de determinación para hacer que tu matrimonio funcione.

Referencias[46]

1. Huffpost.com. (2013). *HuffPost is now a part of Oath.* [Última visita: 3 de julio de 2019].

2. Jenkins, P. (2018). How To Communicate With Your Spouse. [Video visitado: 3 de julio de 2019].

3. Kercheval, M. and Kercheval, C. (2019). 5 Sure-Fire Ways to Cultivate Trust In Your Marriage en *Fulfilling Your Vows.* [Última visita: 3 de julio de 2019].

4. Jenkins, P. (2018). [Video visitado: 3 de julio de 2019].

5. Chan, J. (2019). The differences between male and female communication style in workplace en *Blog.loopline-systems.com.* [Última visita: 3 de julio de 2019].

---

[46] Todas las referencias encontradas aquí y en notas al pie a lo largo del libro están en el inglés original.

6. EnkiRelations. (2019). *How Men and Women Communicate Differently.* [Última visita: 3 de julio de 2019].

7. Male and Female Communication Styles. (2019). [Video visitado: 3 de julio de 2019].

8. Wayne, C. (2019). How Men & Women Communicate Differently. [Video visitado: 3 de julio de 2019].

9. Jenkins, P. (2017). How To Improve Listening Skills - Communication. [Video visitado: 3 de julio de 2019].

10. Thompson Ph.D., J. (2011). Is Nonverbal Communication a Numbers Game? en *Psychology Today.* [Última visita: 3 de julio de 2019].

11. Moore, R. (2018). Communicating Through Conflict en *The Systems Thinker.* [Última visita: 3 de julio de 2019].

12. Jenkins, P. (2018). How To Read People's Body Language. [Video visitado: 3 de julio de 2019].

13. Psychology Today. (2019). 4 Ways to Improve Your Emotional Communication. [Última visita: 3 de julio de 2019].

14. Jenkins, P. (2018). How Understanding Body Language Can Help You. [Video visitado: 3 de julio de 2019].

15. Bechtle, M. (2018). 6 Tools for Healthy Communication in Marriage en *Focus on the Family*. [Última visita: 3 de julio de 2019].

16. Bechtle, M. (2018). 6 Tools for Healthy Communication in Marriage en *Focus on the Family*. [Última visita: 3 de julio de 2019].

17. Regain.us. (2018). What Is The Difference Between Love And Respect? en *Regain*. [Última visita: 3 de julio de 2019].

18. Gallo, A. (2017). How to Control Your Emotions During a Difficult Conversation en *Harvard Business Review*. [Última visita: 3 de julio de 2019].

19. Soars, C. (2019). 3 Communication Tools Your Marriage Needs en *iMom*. [Última visita: 3 de julio de 2019].

20. Flood, R. (2019). 5 Communication Tools That Saved My Marriage en *FamilyLife®*. [Última visita: 3 de julio de 2019].

21. Fileta, D. (2019). The Walls in Your Marriage en *Focus on the Family*. [Última visita: 3 de julio de 2019].

22. Key, K. (2017). Communicating Through Conflict en *Psychology Today*. [Última visita: 3 de julio de 2019].

23. Sweatt-Eldredge, C. (2017). Five Keys to Good Communication During Conflict en *Psychology Today*. [Última visita: 3 de julio de 2019].

24. Fabello, M. (2019). 5 Steps Toward Effectively Communicating Your Feelings en *Everyday Feminism*. [Última visita: 3 de julio de 2019].

25. Ashley, M. (2019). Trust in Marriage: How to Build or Rebuild Trust with Your Spouse

(with 2 Proven Steps) en *Our Peaceful Family*. [Última visita: 3 de julio de 2019].

26. Paul, R. (2019). How to Create an Emotionally Safe Marriage Environment en *Focus on the Family*. [Última visita: 3 de julio de 2019].

27. Smalley, G. (2019). Creating a Safe Marriage en *Focus on the Family*. [Última visita: 3 de julio de 2019].

28. Jenkins, P. (2019). How To Save Marriage After Infidelity And Lies. [Video visitado: 3 de julio de 2019].

29. Jenkins, P. (2019). How to Rebuild a Relationship After Trust is Broken. [Video visitado: 3 de julio de 2019].

30. Stritof, S. (2019). Tips for Rebuilding Trust in Your Marriage en *Verywell Mind*. [Última visita: 3 de julio de 2019].

31. Brown, J. (2019). How to Rebuild Trust in Your Marriage After a Major Screw-Up en *Fatherly*. [Última visita: 3 de julio de 2019].

32. Vilhauer Ph.D., J. (2016). How to Rebuild Trust with Someone Who Hurt You en

Psychology Today. [Última visita: 3 de julio de 2019].

33. Jenkins, P. (2019). How To Save A Marriage With Trust Issues. [Video visitado: 3 de julio de 2019].

34. Surviving Infidelity In Marriage. (2019). [Video visitado: 3 de julio de 2019].

35. Jenkins, P. (2018). Ways To Keep A Marriage Alive. [Video visitado: 3 de julio de 2019].

36. Jenkins, P. (2018). How Do You Stay In Love With Someone. [Video visitado: 3 de julio de 2019].

37. Jenkins, P. (2019). How To Handle Verbal Abuse From Husband. [Video visitado: 3 de julio de 2019].

38. Jenkins, P. (2018). My Wife Is Driving Me Crazy. [Video visitado: 3 de julio de 2019].

39. Jenkins, P. (2018). How To Get Your Husband To Pay Attention To You. [Video visitado: 3 de julio de 2019].

40. Jenkins, P. (2018). 10 Things That Can Destroy A Marriage. [Video visitado: 3 de julio de 2019].

41. Jenkins, P. (2018). What Destroys A Marriage?. [Video visitado: 3 de julio de 2019].

42. Jenkins, P. (2018). What To Do When Your Husband Hates You. [Video visitado: 3 de julio de 2019].

43. Jenkins, P. (2018). How To Say Sorry For Hurting Someone You Love. [Video visitado: 3 de julio de 2019].

44. Jenkins, P. (2018). How To Save Marriage On The Brink Of Divorce. [Video visitado: 3 de julio de 2019].

45. Jenkins, P. (2017). How To Make a Marriage Work in 9 Steps. [Video visitado: 3 de julio de 2019].